ACCESO GRATIS a la Lectura en la Nube

AF237875

Para visualizar el libro electrónico en la nube de lectura envíe junto a su nombre y apellidos una fotografía del código de barras situado en la contraportada del libro y otra del ticket de compra a la dirección:

ebooktirant@tirant.com

En un máximo de 72 horas laborales le enviaremos el código de acceso con sus instrucciones.

La visualización del libro en **NUBE DE LECTURA** excluye los usos bibliotecarios y públicos que puedan poner el archivo electrónico a disposición de una comunidad de lectores. Se permite tan solo un uso individual y privado

Copyright ® 2026

Todos los derechos reservados. Ni la totalidad ni parte de este libro puede repro-
ducirse o transmitirse por ningún procedimiento electrónico o mecánico, incluyendo fotocopia, grabación magnética, o cualquier almacenamiento de información y
sistema de recuperación sin permiso escrito de los autores y del editor.

En caso de erratas y actualizaciones, la Editorial Tirant lo Blanch publicará la
pertinente corrección en la página web www.tirant.com.

© TIRANT LO BLANCH
EDITA: TIRANT LO BLANCH
C/ Artes Gráficas, 14 - 46010 - VALENCIA
TELFS.: 96/361 00 48 - 50
Fax: 96/369 41 51
Email: tlb@tirant.com
www.tirant.com
Librería Virtual: www.tirant.es
DEPOSITO LEGAL: V-5306-2025
ISBN: 979-13-7021-863-8
MAQUETA E IMPRIME: Tink Factoría de Color , S.l.

Si tiene alguna queja o sugerencia, envíenos un mail a: atencioncliente@tirant.com.
En caso de no ser atendida su sugerencia, por favor, lea nuestro procedimiento de quejas en:
www.tirant.net/index.php/empresa/politicas-de-empresa

Responsabilidad Social Corporativa
http://www.tirant.net/Docs/RSCTirant.pdf

HISTORIA DE LA MÚSICA

VOLUMEN II: LOS SIGLOS XIX Y XX

Francisco Carlos Bueno Camejo
Jorge Tovar Sahuquillo
Maria Messana

LECCIÓN PRIMERA: LA MÚSICA EN EL ROMANTICISMO. ETAPAS. ESTÉTICA. ORGANOLOGÍA

1. DEFINICIÓN DEL TÉRMINO "ROMÁNTICO" Y "ROMANTICISMO"

La palabra romántico deriva de roman (romance), o sea, toda lengua vulgar de la familia latina, frente al latín, la lengua culta. La literatura inglesa del siglo XVIII da un sentido particular. Un jardin romantic era el que evocaba un cuadro propicio a los encuentros sentimentales. Alemania aplicará el término a la poesía de los cantos de los trovadores y la caballería cristiana de la Edad Media. El uso del vocablo, pues, era literario; aunque después se aplicó a todas las artes.

La palabra Romanticismo es más tardía. Era el nombre que se había dado a un grupo de escritores alemanes que se suceden desde 1795 hasta 1816, aproximadamente: Goethe, Schiller y otros. En Francia era también un grupo de escritores, con Víctor Hugo a la cabeza.

El Romanticismo es, desde un punto de vista estético general, la revancha de lo irracional, de la sensibilidad, el predominio de los sentimientos sobre la razón, de la hipérbole sobre lo comedido, del movimiento sobre el equilibrio, del individuo sobre la sociedad.

2. INTRODUCCIÓN HISTÓRICA

Una serie de hechos históricos influyen en mayor o menor medida en la aparición de la cultura romántica. Los detallamos a continuación.

2.1.- LA REVOLUCIÓN FRANCESA.

La Revolución Francesa contribuyó a incrementar el público de los teatros y las manifestaciones musicales, además de abrir el mundo de los practicantes y aficionados a una clase nueva. Supuso una democratización en muchos aspectos. Para los burgueses, apreciar la música fue sinónimo de cultura. Se construyeron teatros de ópera y auditorios de conciertos. Surgieron, asimismo, cientos de editores musicales.

2.2.- LA RESTAURACIÓN Y EL CONGRESO DE VIENA (1814 - 15).

Impulsó la ideología conservadora, el retorno de la monarquía absoluta en Francia y en todos aquellos países afectados por las oleadas revolucionarias liberales (España, 1823, el ejército de los 100 mil hijos de San Luis, que repusieron a Fernando VII en el trono como monarca absoluto).

2.3.- LAS REVOLUCIONES DE 1830 Y 1848.

Fueron el auténtico despegue del Romanticismo, unido al nacionalismo. En Francia, la Revolución de 1830 derribó a la monarquía absoluta, siendo sustituída por otra de carácter censitario (Luis Felipe de Orleáns). En Bélgica, el nacionalismo revolucionario consiguió la independencia del país, frente a Holanda.

La Revolución de 1848 tuvo una participación obrera, frente al carácter burgués de la Revolución de 1830. En la Revolución de 1848 se pedía el sufragio censitario, así como una mayor libertad de prensa y asociación. Desembocó en el Imperio de Napoleón III (Luis Napoleón, sobrino del dictador corso).

Con el arribo de ambas revoluciones, el Positivismo científico y filosófico, a la luz de la ciencia. En el arte, y conviviendo con el Romanticismo, el realismo, ora en la pintura ora en la literatura (Millet, Flaubert, Galdós o Clarín).

2.4.- LA COMUNA DE PARÍS DE 1871.

En ella se intentó llevar a la práctica el modelo de sociedad propuesto por la A.I.T. (Asociación Internacional de Trabajadores), en donde participaron Marx y Bakunin. Pero tuvo escaso éxito.

3. **ETAPAS**

No existe acuerdo sobre este espinoso tema entre los historiadores. Veamos algunas clasificaciones.

Según **Alfred Einstein**, consta de 3 grandes períodos:

- Primer Romanticismo (1820 - 1848).

- Segundo Romanticismo (1848 - 1870).

- Postromanticismo o Neorromanticismo: 1871 - 1911 (ésta última, fecha de la muerte de Gustav Mahler).

4. ESTÉTICA MUSICAL

4. 1.-EL MARCO FILOSÓFICO: IDEALISMO Y REALISMO.

El marco filosófico en el que se fundamenta la estética romántica procede del idealismo y del materialismo histórico. El segundo, la teoría de Marx y Engels, se refleja en el realismo artístico, el verismo en música; pero este realismo también proviene de la estética **naturalista de Emile Zóla** (especialmente el verismo operístico).

Por otro lado, el romántico posee una concepción idealista del mundo. El punto de partida es el sujeto, el **yo**, y no las cosas exteriores al sujeto. Existen varias versiones del idealismo filosófico en Alemania: el kantiano (idealismo trascendental), Fichte (idealismo subjetivo), Hegel (idealismo absoluto de la razón), Schopenhauer (idealismo absoluto de la voluntad), Nietzsche (idealismo absoluto de la voluntad de poder).

El idealismo romántico no es racionalista; pues lo real es lo subjetivo. Lo subjetivo puede conducirnos a la temporalidad, ser siempre otro, realidad no pensable desde el principio de identidad como principio supremo. Por eso lo otro, lo diferente, empieza a tener más interés que lo común, lo idéntico. Al concebir el tiempo como dimensión primaria de la existencia, el romanticismo valoró por encima de las demás artes a la música, cuya dimensión primaria es el tiempo; además de ser expresión del **Gemüt** (Hegel), el sentimiento más profundo del ánima.

El romántico tiene bien presente la **unión de todas las artes en la música** (Wagner).

4.2.- ESTÉTICA DE LA FORMA Y ESTÉTICA DEL CONTENIDO.

La música empieza a extenderse en el siglo XIX como un arte asemático. Los sonidos musicales no expresan, a diferencia de las palabras, contenidos conceptuales, sino afectivos. La música ocupa un lugar privilegiado porque no puede decir nada de lo que puede contar el lenguaje común.

De todo ello resulta la autonomía de la música, que se entiende de dos maneras:

a) no necesita para nada la palabra (música instrumental, *música pura*, tema al que se recurre en toda la literatura del primer romanticismo, como Wackenroder, Tieck, E.T.A. Hoffmann).

b) El lenguaje musical es compatible con el ordinario; pero en ese caso éste último debe estar en función del lenguaje musical y no al revés. La música programática decimonónica no es música descriptiva; pese a que pueda incluir pasajes descriptivos o imitativos. La música no describe el programa, sino que el programa ayuda a "penetrar" en el significado profundo de la música a través de ideas "poéticas". Esta tendencia la encontramos a medida que avanza el siglo XIX. En pleno Romanticismo, se les exigen a las demás artes que auxilien la misión de la música y que expliquen el importante contenido que expresa: lieder, danzas, poema sinfónico, drama wagneriano. Este hecho responde a una profunda convicción romántica: la búsqueda de la unión entre las artes.

4.3.- LA CONEXIÓN DE LOS IDEALES ESTÉTICOS CON LAS OBRAS MUSICALES.

a) <u>Evasión o nueva visión del espacio:</u> el compositor romántico, y el artista en general, miran hacia países lejanos, con otras culturas: el Nuevo Mundo, España, Grecia, Oriente. Dentro de España, Andalucía reunía una serie de tópicos que explotaron los artistas: toros, bandoleros, gitanos, flamenco o lo árabe. Es el movimiento Alhambrista, con autores como Lord Byron, Chateaubriand, Victor Hugo (existen también otros muchos literatos: Washington Irving, Alejandro Dumas y Gautier, por ejemplo). Glinka visitó España ("Jota Aragonesa", "Souvenir d'une Nuit d'Eté à Madrid"). Bizet se basó en la obra de Prosper Merimée para hacer su famosísima ópera "Carmen". Liszt compuso su "Rapsodia Española", basada en su primera parte en la Folía, pero incluye también una Jota aragonesa. Édouard Lalo escribió su "Sinfonía Española". Rismky-Korsakov, el "Capricho Español". Chabrier, "España", etc...

b) <u>Evasión o nueva visión del tiempo.</u> Los románticos miran al pasado, evocan épocas pretéritas en que, según ellos, triunfaban sus ideales. Surge la Historia como ciencia. Pero, asimismo, el romántico descubre la música del pasado: Palestrina, Bach, etc... Surge la musicología como ciencia en la segunda mitad del siglo XIX.

c) <u>Evasión o nueva visión del interior. El individualismo.</u> Es la época de proliferación de las autobiografías, incluso musicales ("Sinfonía Fantástica", biografía musical de Berlioz). En cierta medida, el nacionalismo no es más que el individualismo de un pueblo, la mirada de una colectividad hacia su interior. Es por eso que se asiste a un impulso del folklore, bajo la influencia de escritores como Brentano, George Sand, Pouchkine o Arnim. En relación con el individualismo esá el fenómeno del intérprete virtuosista (Liszt, Paganini, Sarasate). La originalidad es un valor estético en el Romanticismo de suma importancia. El concepto de artista es diferente; pues ahora se distancia del público. Por otro lado, la sociedad decimonónica se configura como una sociedad de masas, como consecuencia del desarrollo de la industria, las comunicaciones y la política. Existe, por último, un tipo de evasión radical: el suicidio ("Werther" de Goethe y la ópera homónima de Massenet).

d) <u>Lo espiritual y el sentido de lo religioso.</u> La concepción romántica negaba todo lugar real a la religión entendida en términos de ortodoxia tradicional. A comienzos del siglo XIX, los escritos de los primeros románticos revelan ciertas preocupaciones por otros intereses más espirituales: misticismo, milagros, ocultismo, espiritismo, son términos que ahora cobran un gran auge. Proliferan los hechos milagrosos (aparición de la Virgen de Lourdes en 1858). Se difunden por Europa las religiones budistas y los pensamientos asiáticos (Friedrich von Schlegel, por ejemplo, se apasionó por el sánscrito y publicó en 1808 un *"Essai sur les langues et la philosophe des Indiens"*). En la música, al igual que en la literatura y la pintura, surge un género pararreligioso: la proliferación de formas "religiosas" como el oratorio, el requiem, la misa, el motete, la música para órgano. También tiene lugar el renacimiento del Canto Gregoriano (estudios de los monjes de Solesmes). Existe, además, una influencia de lo religioso en los géneros profanos. Se opera una curiosa paradoja: por un lado, existe una desacralización manifiesta de lo litúrgico; por otro, una "sacralización" inesperada de algunos géneros profanos como la ópera o el lied. Aduzcamos varios ejemplos.

El tema preferido por la ópera wagneriana es el amor humano, pero entendido como fuente de éxtasis y de redención cristiana. Wagner imaginaba Bayreuth como un templo y "Parsifal" como una gran misa donde el silencio es de rigor.

e) <u>Lo fantástico.</u> Este es un caldo de cultivo para la imaginación del artista romántico. Un ejemplo literario-musical: Arnim y Brentano con sus cuentos *"El cuerno mágico del muchacho"* que aprovecharían autores como Schubert, Schumann o Mahler. La figura del diablo, por otra parte, es muy interesante para el artista romántico ("Danza Macabra" de Saint-Säens, "Totentanz" de Liszt, "Mefistófeles", ópera de Arrigo Boito).

f) <u>Sentimiento de la naturaleza.</u> El romántico entiende la naturaleza no como sustancia, sino como proyección del ser del espíritu. Las pasiones del individuo se reflejaban en una naturaleza que tomaba el aspecto conveniente a su estado psicológico. Existen algunos temas preferidos: la caza, el bosque, las estaciones, la tempestad, el agua, los pájaros y la noche. La noche, por ejemplo, presenta una dualidad. De una parte, los lugares abandonados, grutas y ruinas que rechazan la luz, símbolo del racionalismo. Por otra parte, es la atracción de la sombra, el lado tenebroso de los seres y de las cosas.

g) <u>El sentido de lo trágico.</u> Schopenhauer, con su pesimismo vital, es el filósofo que mejor fundamenta este sentido. Se recrea el romántico con la muerte, el desengaño amoroso, el destino trágico del hombre. El amor, tan cantado por los románticos, entra a formar parte de esa contradicción entre el deseo y la realidad en la que se envuelve el artista.

h) <u>La contradicción.</u> Frente a la unidad del Clasicismo, que acoge y sintetiza la multiplicidad, la organiza para constituir el uno, el Romanticismo desdobla la unidad, haciéndose extraña a sí misma. Quizás sea la tensión, ese desgarro por reconciliar cosas opuestas, lo que mejor define al artista romántico. La ambivalencia genera en el artista romántico dos actitudes. Por un lado, buscar la paradoja, la única forma posible para realizar la conciliación de los opuestos. Por otro, el famoso *Sehnsucht* (tormento, nostalgia, mal deseo), o el deseo que se nutre de sí mismo, que se repliega sobre sí mismo y se satisface en la imposibilidad misma de satisfacción.

5. ORGANOLOGÍA

5.1.- INTRODUCCIÓN.

Destacamos una serie de factores que cambiarán el panorama instrumental.

1) La Revolución Industrial incidirá en las transformaciones de los instrumentos, especialmente las maderas y los metales, con una mejor afinación y mayor potencia. Las llaves se adaptaron a la madera (Sistema Boehm) y los pistones a trompas y trompetas.

2) El deseo de encontrar una sonoridad adecuada para las grandes salas. Se trata de instrumentos más homogéneos y potentes.

3) Los instrumentos deben responder a una dinámica muy variada, con los infinitos matices que exige el compositor. Asimismo, deben responder al virtuosismo.

4) El aficionado motivará una demanda más numerosa, con la fabricación en serie.

5.2.- AMPLIACIÓN Y MEJORAS EN LA ORQUESTA.

El conjunto sinfónico de los años 1830 – 1850 incluye los siguientes instrumentos:

- 2 flautas
- 2 oboes
- 2 clarinetes
- 2 fagotes
- 4 trompas
- 2 trompetas
- 3 trombones
- Timbales
- Una familia de cuerdas más numerosa.

Este efectivo se completa a veces con el flautín, el clarinete bajo, el corno inglés, el contrafagot, la tuba y el arpa.

La expresión religiosa y solemne, además de la militarización de la Revolución Francesa, contribuyó a reforzar el interés por los instrumentos de viento. En la segunda mitad del siglo XIX los instrumentos de madera se agruparán de tres en tres.

Existieron dos tendencias para enriquecer e incrementar los límites de las posibilidades de obtención y combinación de colores. Por un lado, tratar de obtener un elevado grado de expresión a base de oscurecimiento de la función individual de los principales instrumentos y los grupos de ellos. Por otro, se refuerza la obtención de los más violentos efectos colorísticos a base de preservar e intensificar la función de los instrumentos individuales y los grupos instrumentales, organizando la orquesta de forma similar a una asamblea de personalidades humanas.

5.3.- LAS CUERDAS.

Sigue siendo el alma de la orquesta, tratada con un estilo *tenuto* y expresivo, notas ligadas. El arco se hizo más pesado, con lo cual se consiguió una mayor brillantez en la ejecución. La práctica de los sonidos armónicos se extendió cada vez más.

La viola aumentó su papel en la orquesta y en la música de cámara. El violonchelo amplió su repertorio. Los virtuosos avanzaron las posiciones en el violín. El contrabajo es muy importante en la orquesta, pero es una excepción como solista (Rossini, Verdi, Bottesini).

5.4.- VIENTO-MADERA.

Además de las llaves Boehm, ha menester agregar que el clarinete fue muy querido (las heroínas de Weber en sus óperas). También tuvo un cierto papel solista el corno inglés
.

5.5.- VIENTO-METAL.

Además de los pistones (Blühmel, 1813), fue la trompa el instrumento estrella, emblemático del Romanticismo ("Sinfonía Renana" de Schumann). La trompa es un instrumento camaleónico donde los haya: combina muy bien con la madera grave y se funde perfectamente con la orquesta.

5.6.- PERCUSIÓN.

No se investiga mucho sobre la percusión, la verdad. Además de los clásicos timbales, el bombo, el triángulo y la caja o los címbalos para la música más descriptiva. Y poca cosa más. Habrá que esperar al siglo XX.

5.7.- NUEVOS INSTRUMENTOS.

El más destacado es el saxofón, creado por Adolphe Sax en 1840, y presentado por vez primera en concierto por Berlioz, en 1844. Se hizo popular entre los negros americanos, bajo el impulso de Jean-Baptiste Guiraud (1803 – 1841), instalado en Nueva Orleáns desde antes de 1840. Wagner utilizó bastante la tuba wagneriana.

5.8.- EL PIANO.

Es el instrumento más representativo del Romanticismo; porque se prestaba tanto para el lirismo subjetivo e íntimo del artista como para la explosión retórica y virtuosista. También convenía al virtuoso y al aficionado.

Jean-Henri Pape tuvo la idea (entre muchas otras, pues registró más de 170 patentes) de cubrir los macillos con fieltro duro en vez de piel, en 1826. En el taller del constructor Ignaz Pleyel se utilizaron por primera vez las cuedas de latón y acero con temple especial (1810).

A partir de 1830 se inicia verdaderamente la era de la industrialización del piano. El público se ha acostumbrado ya al gran cola de concierto.

Las dos vías de investigación, anglosajona y vienesa, subsisten. Los propios pianistas y los compositores empiezan a dividirse en dos categorías: los acróbatas y los poetas. El Romanticismo conduce estas dos caras de la virtuosidad subjetiva al más alto nivel de expresividad, y encuentra en el piano el espejo ideal de esta duplicidad, fuerte y dulce, percusivo y resonante.

A partir de 1860 – 1870 el piano de cola experimenta más refinamientos que cambios decisivos. La tesitura se extiende a 7 octavas más una tercera menor (La1 / do7), el actual registro.

Con Schumann, Chopin y Liszt se producen las espectaculares transformaciones de la técnica y, por ende, del estilo de la escritura pianística.

5.9.- EL ÓRGANO.

¿Qué pasa con el instrumento *rey de reyes*? La espiritualidad y el sentido de lo religioso romántico potencia el órgano y la música orgánica, destacando el compositor belga César Franck.

El órgano, orquesta en miniatura, experimenta un cambio paralelo a la orquesta. A fines del siglo XIX se convierte en una potente máquina. Conecta muy bien con el carácter de gigantismo, religiosidad, misticismo y dramatismo, siempre en pos del más allá.

Con el famoso Aristide Cavaillé-Coll aparecen los primeros síntomas del órgano romántico: restricción de mixturas, timbres suaves y menos contrastados, potencia y búsqueda de la expresión.

LECCIÓN SEGUNDA: LA MÚSICA INSTRUMENTAL EN EL ROMANTICISMO. MÚSICA DE CÁMARA, PIANÍSTICA Y ORQUESTAL

1. LA MÚSICA INSTRUMENTAL EN EL ROMANTICISMO.

El proceso originado con la emancipación de la música instrumental ocurrida durante el barroco tuvo su punto culminante en el s.XIX. El auge de la música doméstica fue un acontecimiento muy relevante. La posición del músico resulta definitivamente emancipada del sistema de patronazgo. El concierto público y las publicaciones musicales generarán un enorme interés por la música.

2. LA MÚSICA DE CÁMARA.

La música de cámara engloba la música para solista, la de conjuntos vocales e instrumentales. Se depura la técnica instrumental dando lugar al fenómeno de virtuosismo. Paradigma: Niccolo Paganini (1782-1840): Fue considerado como la encarnación del artista romántico de misteriosa imagen y técnica deslumbrante. A pesar de no ser tan espectacular como la música sinfónica, la música de cámara ocupó un lugar importante en la vida de la burguesía.

Formaciones más populares: los tríos generalmente con violín y violonchelo, aunque también aparecen composiciones para viento y teclado. Los cuartetos con piano son abordados por muchos compositores. La música de cámara sin embargo no parece estar muy acorde con la estética más audaz del Romanticismo, carece de la íntima expresividad de las piezas para piano o del lied y del colorido de la orquesta. El cuarteto de cuerdas será utilizado por compositores de tendencias clasicistas Schubert, Schumann, Brahms etc.

2.1. BEETHOVEN

La música de cámara del romanticismo parte de la producción de Beethoven en la que destacan los cuartetos de cuerda (16). Son especialmente representativas las 5 últimas.

Periodo de juventud: Respeto a la forma fijada por Haydn y Mozart Desenvoltura melódica - rítmica y brillantez ejecutiva que demuestra sus escarceos con un compromiso ya romántico. Op 59 "Cuartetos Rasumouski" (1806) Encargo del embajador ruso en Viena Andrea Rasumouski con la condición de que los temas utilizados fueran de inspiración rusa. La forma sonata se encuentra ampliada hasta proporciones inauditas (multitud de temas, complejos y largos desarrollos así como extensas codas). No retoma la escritura cuartetística hasta su opus 74 y 95 (1823).Los últimos cuartetos, su testamento musical, fueron escritos entre 1825-26. Las obras de este último periodo tienen un carácter cada vez más meditativo con un lenguaje más concentrado y abstracto. (Texturas contrapuntísticas densas e imitaciones canónicas, muestra su admiración por J.S.Bach.)

2.2 SCHUBERT, MENDELSSOHN, SCHUMANN.

Schubert -> (1797-1828) Fue el más grande compositor contemporáneo de Beethoven. Su obra de cámara refleja de manera concentrada los rasgos de su música; genio e inspiración melódica, habilidad modulatoria, sentido del color instrumental, técnica de la continua variación y acentuado lirismo romántico. Los cuartetos más importantes son el nº l3 y 14.

Mendelssohn -> (1809-1847) Compuso 7 cuartetos en los que se combina su estética clásica y contrapuntística con su visión llena de fantasía romántica. Parten de la obra de Beethoven.

Schumann -> (1810-1856) Dedicó a Mendelssohn los 3 cuartetos que escribió. Densa elaboración temática (herencia beethoveniana) y abundancia de ideas y ritmos con puntillo muy característico de su autor.

2.3 BRAHMS (1833-1897).

En la segunda mitad del S. XIX, destacan sus cuartetos. La escritura cuartetística de este momento deriva en muchos casos de los modelos beethovenianos de los cuales partió Brahms los cuales pesaban mucho en su ánimo. Un largo proceso de elaboración y preparación caracteriza sus cuartetos (3 cuartetos en do del y la m).

2.4 LA MÚSICA DE CÁMARA PARA INSTRUMENTOS DE VIENTO.

Gracias a la mejora de los instrumentos se aumentó su capacidad de cromatismo, una entonación más clara fue posible y su manejo resultó más fácil. Todo esto posibilitó su aparición en los salones así como la producción de música doméstica para estos instrumentos (predilección por la flauta, clarinete fagot y trompa). Distintos tipos de agrupaciones en dúo o trío de instrumentos de viento serán combinados frecuentemente con el piano. El quinteto se considera un género nuevo' (flauta, clarinete, oboe, trompa y fagot) y a partir del sexteto la composición de las formaciones no está predeterminada. Se explotan los registros extremos y se doblan voces. Escribirán para este tipo de agrupaciones Beethoven, Schubert (octeto), Mendelssohn, Weber, Brahms Rossini, Tchaikowsky etc.

3. **EL PIANO.**

Es el instrumento emblemático del romanticismo. Grande y caro, significa un alto nivel de vida y su presencia es obligada en grandes mansiones. Fruto de la revolución industrial, su producción en masa afectó de lleno a su construcción. Durante el S. XIX no tuvo rival por distintas razones:

-Extraordinaria gama de alturas y dinámicas. Permite tanto una gran cantidad de ataques, variedad de efectos expresivos, como un sonido cálido intimista.

-Carácter polifónico que le permite mostrar por sí solo la rica armonía de las obras románticas. Sustituto de la orquesta en las veladas privadas.

-Excelente acompañante, tanto de la voz como de los diversos instrumentos.

-Permite el desarrollo del individualismo romántico (Chopin) y su autosuficiencia a través del efecto vistuosístico (Liszt, Thalberg, Albeniz). En torno a él se articula la figura del "Gran Artista".

3.1.   EL PERFECCIONAMIENTO TÉCNICO.

[Clave, Clavicordio y laúd -> pianoforte clásico -> piano romántico] Empezaron en Inglaterra a construirse dos tipos de piano. El piano Inglés y el piano vienés. En el s.XIX tendió a crecer de tamaño, aumentaron el registro y el poder y peso del mecanismo. Su evolución técnica se vincula a los siguientes nombres:

Stein: (1728-92) Se le atribuye el mecanismo de escape (el macillo vuelve rápidamente con lo que posibilita que una nota sea nueva y rápidamente atacada) **Streicher:** Construyó pianos verticales (Homogeneización de la diversidad de formas que adquirió). **Érard:** (1752-1821) Introdujo el mecanismo de doble escape y el mecanismo de los pedales tal y como hoy lo conocemos.

Se introdujeron 2 pedales (sordina y el que levanta el mecanismo de los apagadores) El tercer pedal el del sostenutos un accesorio relativamente reciente. Las últimas modificaciones vinieron de mano de **Babcock** (Boston) **Chickerin y Steinway and Sons** que consistieron básicamente en la introducción de un armazón de una sola pieza de hierro.

3.2. LOS PEDAGOGOS Y LAS ESCUELAS INTERPRETATIVAS.

El interés de la música doméstica dio al aspecto didáctico una importancia capital. El músico se ganó la vida frecuentemente dando clases. Apareció una nueva forma: El estudio. (Field, Cramer, Czerny, Pleyel ...). Todo esto condujo a la definición de diversas escuelas o estilos interpretativos. Al principio del periodo se reconoce la influencia de Hummel (fluidez, espontaneidad mozartíana) o bien la influencia de Beethoven (virtuoso). Clementi, gran pedagogo, concilió ambas tendencias. Tras Clementi se distinguen 4 estilos:

-Elegante y refinada, aunque sin recurrir a la técnica.(Field)

-Exhibicionista, espectacularidad en detrimento de la expresión y la técnica.

-Gran virtuosismo y técnica depurada (Liszt)

-Musicalidad, expresión, lirismo por encima de la técnica y el virtuosismo (Schubert Schumann y Clara su esposa, Mendelssohn, Brahms).

3.3. LAS OBRAS.

Al principio del periodo se prefieren las pequeñas formas (nocturno, balada, impromptu, preludio, barcarola, estudio, polonesa, vals ...).Son el medio ideal para desarrollar la fantasía romántica en los círculos elitistas de la burguesía. Los conciertos para piano también serán muy abundantes. Se utilizará la forma sonata modificada aunque se expande gracias al lenguaje romántico. Se mantiene la cadencia en el primer movimiento. Se experimentó con la estructura en 4 movimientos.

3.4. LOS AUTORES.

3.4.1. Beethoven.

Inició su carrera como músico en Viena a través de la interpretación pianística. Ejecutaba sus propias composiciones y fue conocido por su habilidad para las improvisaciones. (Un centenar de obras para piano) El ciclo de 32 sonatas es especialmente importante.

- Primer periodo: Imita superficialmente a los maestros vieneses pero su técnica y espíritu está más cerca de Hummel y Clementi. Proto-romántico: Estructuras melódicas amplias y rígidas. En las 12 primeras sonatas alterna el modelo en 3 movimientos con una forma más extensa (añadiendo minueto o scherzo).

- Segundo periodo: Con la sonata op.26 da un giro radical. Comienza con un Andante (tema y variaciones muy elaborado) y sustituye el movimiento lento por una marcha fúnebre Conserva los cánones formales clásicos (sonata-variaciones-rondó) aunque expandido y dilatado.

- Tercer período: Cinco últimas sonatas para piano. Variaciones Diabelli. Se caracteriza por su interés sobre el contrapunto.

3.4.2. Chopin, Fréderic (1810-1849).

Pianista y compositor polaco establecido en Paris en 1831. Nunca volvió a Polonia aunque mostró su apego a ella (nacionalismo, rasgo romántico por excelencia). Tuvo una educación general musical cuidada. Cuando llegó a París ya estaba definido como compositor, había escrito más de 50 obras para piano. Su interpretación era de cuidados matices, delicados, más aptos para salones privados que para salas de conciertos. No tuvo la fama de Liszt pero fue el músico preferido de la aristocracia adinerada. Chopin es conocido básicamente por su obra pianística.

Géneros serios: Conciertos y sonatas. Fue criticado, Destacar de sus conciertos la naturaleza de la melodía llena de lirismo que las hace inconfundibles.

Pequeñas piezas: Estudios, preludios, baladas, danzas etc. Son de un altísimo nivel musical, y en muchos casos considerados los mejores que se han escrito nunca. También escribió scherzos, impromputus, nocturnos etc.

3.4.2.1. Su estilo:

Representa el genio romántico en estado puro, individualista y recluido que busca la evasión respecto al exterior. Sentimiento patriótico y carácter casi abstracto de la música, huye de las formas establecidas. Melodía: Gran lirismo y carácter cantabile. Ritmo: Sacrifica el rigor a favor de la expresividad. Rubatos y folklóricos. Formas: libres. Armonía: Cromática, disonancias de paso, 4as aumentadas, ambigüedad tonal. Timbre: Aprovecha los recursos del piano consiguiendo sonoridades orquestales.

3.4.3. Liszt, Franz (1811-1886).

Considerado el más genial de los pianistas. Nacido en Hungría abandonó pronto su país y se estableció en Paris con 12 años. Influenciado por Paganini. Pronto introdujo en su repertorio concertístico tipos variados de transcripciones para piano (Intento de rivalizar orquesta<-> piano). Dio un paso sin precedentes: suprimió la orquesta o la presencia de otros solistas en las salas de conciertos en los que él intervenía conviertiéndolo en un recital de piano. También introdujo otro hábito que se haría norma, introducir en el programa de los conciertos obras no propias (Bach, Haendel, Beethoven etc.). A partir de los 30 empezó a incorporar títulos programáticos (influencia de círculos de intelectuales y artistas románticos como Balzac, Victor Hugo, Delacroix, Chopin, Beriloz etc) "'El Album del viajero".

3.4.4. Schumann, Robert (1810-1856).

Sufrió la falta de educación musical como otros muchos de sus contemporáneos. Buena formación literaria. En 1831 escribe una crítica musical sobre el "La ci darem la mano" del Don Giovanni escrito por Chopin, con el que se inicia como ideólogo musical radical y contrario a los gustos musicales tradicionales de la sociedad alemana (Grand opéra y la música italiana).

En compañía de otros amigos fundó el "Nuevo periódico de música". Fue profesor del conservatorio de Leipzig y director de música en Düsseldorf. Muere recluido en un manicomio en 1856 debido a una enfermedad mental. Un accidente en la mano le impidió ser un gran pianista. Escribió mayormente ciclos de pequeñas piezas (Papillons, op.2). En 1840 cambia de rumbo y se interesa por el Lied, la música sinfónica y de cámara. Su estilo pianístico buscó la originalidad y no el virtuosismo. Melodía: cantabile y muy lírica. Ritmo: Es la fuerza motriz de sus obras (hemiolias, desplazamientos rítmicos, cruzamientos...). Forma: deseo de renovar las antiguas y crear otras. Su fuerte: las variaciones, suele utilizar motivos unificadores en sus obras. Armonía: utilizó inversiones y dominantes secundarias e inició lo que Liszt denominará "tonalidad psicológica" (tonalidad que aunque no es deliberadamente disonante nunca está definitivamente establecida).

4. MÚSICA ORQUESTAL.

Junto con la música pianística es la más importante del periodo romántico. Al igual que el piano la orquesta experimentó una mejora técnica que aumentó sus posibilidades expresivas. Timbre: la conciencia tímbrica del romanticismo hizo que la orquesta aumentara su tamaño y variedad de sonidos en su seno. Se exploró el timbre como elemento expresivo en sí. Registros extremos. Se amplían los efectos de dinámica. (1844 Tratado de orquestación de Berlioz). Forma: El color fue usado para ampliar la forma, tendrá una función distinta al periodo clásico. Armonía: Fue el otro factor de desarrollo de la forma. La expresión tímbrica de la orquesta ayudó al desarrollo de la armonía cromática y la ralentización del ritmo armónico tan típicos del periodo. Pensamiento estético: Concepción de la música como expresión de lo inexplicable lo que lleva a hacer un paralelismo con el lenguaje hablado en el que adquiere importancia fundamental la melodía. La melodía romántica se presenta completa en sí misma, lo que dificulta los desarrollos. Se introducirán programas extramusicales dándole un poder evocador de la realidad muy del gusto romántico (dará lugar a la creación del poema sinfónico).

4.1. SINFONÍA.

Experimentará notables cambios. Aumenta sus dimensiones y número de temas, cuyo carácter melódico más que motívico dificulta su desarrollo que acabará pareciéndose al de las variaciones. Se ralentiza el ritmo armónico y la tonalidad se vuelve más cromática, original y colorida. Se tenderá a la ejecución sin pausas, sobre todo entre el tercer y cuarto movimiento. Se introducen elementos ajenos al medio (coros, 9a de Beethoven). Jay Grout distingue dos líneas diferentes en la evolución de la sinfonía.

- Una línea más conservadora: forma y principios de música absoluta clásicos pero con lenguaje romántico. Schubert, Mendelssohn (primer romanticismo) y Brahms (segundo romanticismo).

- Otra más radical. Inclusión de elementos programáticos y ampliación del número de movimientos. Berlioz y la sinfonía fantástica siguen este camino. Esta línea acabará desembocando en el poema sinfónico cuyos valedores serán Berlioz y Liszt.

4.2. LA MÚSICA PROGRAMÁTICA.

4.2.1. Berlioz Héctor (1803-1869)

En Francia el movimiento romántico tardó en aparecer. El aislamiento del exterior, influencia de 'L'Academie", situación continua de crisis política y agitación, la mayoría de los escritores franceses de la época acababan en la guillotina o en el exilio...no era el medio idóneo para que floreciera.

Héctor Berlioz: Estudiante de medicina que pasó a ser estudiante de música. Asistió a representaciones tanto de Shakespeare y de Beethoven, así literatura y música quedaron unidas en su obra debido al impacto que le produjeron estas vivencias. "La sinfonía fantástica"; Parte de un programa extramusical que fue facilitado la público (octavilla). En él se narra la extravagante historia de un joven artista que desesperadamente enamorado, sufre una serie de visiones en las que está siempre presente la mujer que ama, imagina que la mata y por ello es condenado a muerte y enviado a los infiernos. 3 aportaciones de la obra:

1. presencia de un programa

2. uso de la idea fija (la amada)

3. originalísima orquestación (preponderancia al viento metal), textura poco convencional, sin embargo melodía y colorido son las que captan nuestra atención. Para Berlioz, el color tímbrico forma parte del proceso compositivo, no es un añadido.

4.3. EL NUEVO SINFONISMO.

4.3.1. Brahms (1833-1897)

Es considerado el mejor representante del renacimiento de la música absoluta (1860) como reacción contraria al modernismo de Berlioz Liszt: o Wagner. Representa una vuelta a loa beethoveniano. Síntesis entre la sonata clásica, el contrapunto barroco, las posibilidades del desarrollo de una idea musical musical y su lenguaje romántico. Utiliza unas melodías amplias, orquestación oscura y el ritmo es el motor de sus obra (síncopas, ritmos cruzados..), la armonía es funcionaL, diatónica y sombría.

Maestro del contrapunto. Tardó en abordar en género sinfónico.

4.3.2. Bruckner, Antón (1824-1896)

Su reputación descansa sobre todo en sus sinfonías, 9 numeradas y 1 inconclusa. Rasgos: Todas las que han sido terminadas constan de 4 movimientos en el orden clásico (primero y último, forma sonata). Frecuentemente los materiales están utilizados de forma cíclica (uno o varios temas). Los movimientos lentos suelen basarse en la alternancia de dos temas. El los Scherzos se dejan oír temas que recuerdan la música austríaca y su ligereza. En sus sinfonías es característico un estilo" comienzo de la nada" al igual que la monumentalidad de estas obras obtenidas gracias a la ralentización de los procesos musicales y los grandes desarrollos (armonías estáticas).

4.4. El POSTROMANTICISMO: MAHLER Y STRAUSS.

El posromanticismo puede entenderse como un movimiento epigonal de finales del s.XIX y principios de(s.XX preferentemente vinculado al área alemana. Estética que lo caracteriza: romanticismo agonizante bajo la sombra de Wagner. Grout distingue dos rasgos que en sentido estricto no pertenecerán al romanticismo.

a) Exhuberancia orquestal y desmesura de ciertos desarrollos sinfónicos en paralelo a la confianza agresiva de las clases dirigentes

b) La nostalgia y melancolía por la pérdida de una cultura cuyo fin se siente próximo

Técnicamente: Intenso cromatismo que supera a Wagner y que acabará conduciendo a la atonalidad (1910)

4.4.1. Las sinfonías de Mahler

Gustav Mahler (1860-1911) es para muchos el punto de agotamiento de la tradición romántica a la vez que la referencia para la generación posterior de músicos vieneses. Fue una personalidad muy conocida en su época como director de orquesta. Su estilo estuvo influido por Bruckner, Wagner, Bethoven e intentó conseguir en su obra sinfónica una síntesis de los tres. Intentó perfeccionar lo que Beethoven había empezado, el crecimiento orgánico que conduce a la apoteosis final. Compuso 9 sinfonías quedando la décima inconclusa y cinco ciclos de canciones para voces solistas con orquesta. Características de sus sinfonías:

- Gran extensión, complejidad e ingentes recursos.

- Uso de contenidos extramusicales de carácter autobiográfico.

- Uso de masas corales y orquestales enormes junto a instrumentos poco habituales. - Idea de que componer es revelar la esencia de la verdad.

- Uso de canciones

- Transferencia de motivos, no con intención cíclica, en tonalidades distintas a la inicial (tonalidad progresiva)

- Lenguaje anclado en la sintaxis tonal y formas deudoras de la tradición aunque enormemente expandidas como el allegro de sonata o el trío-scherzo.

4.4.2. Richard Strauss (1864-1949)

También tuvo una gran fama como director que eclipsó su importancia como compositor. Salvetti distingue en su producción:

- Periodo de los poemas sinfónicos (Desde "Italia'" (1886) hasta "Una vida de héroe" (1898) [El que nos interesa]

- El periodo de las óperas.

Escribirá poemas sinfónicos en un solo movimiento siguiendo la tradición de Liszt. Pueden distinguirse en su producción poemas con estructura clara (Don Juan) y otros con una acumulación de imágenes diversas que conducen a una disolución formal (Trilogía; Así hablé Zaratustra, Don Quijote y Una vida de héroe).

Contempla una escritura más esquemática que Mahler y la cohesión temática es mayor pese a la sobreabundancia de temas. El manejo de la orquesta que realiza es brillante y potente basado en un estudio de los instrumentos modernos. A pesar del programa utilizado, sus poemas sinfónicos son deudores de estructuras formales concretas (allegro de sonata, rondó o variación). Su preocupación central no estaba lejos de los objetivos centrales del romanticismo; la evocación de sentimientos y el retrato y caracterización del personaje.

LECCIÓN TERCERA: LA MÚSICA VOCAL EN EL ROMANTICISMO

1. EL LIED.

El Romanticismo tuvo evidentes manifestaciones en la música vocal. Su provocación por el folclore rescató elementos populares que se manifestaron en las composiciones. Su intimismo buscó expresarse en las formas pequeñas como el piano y en el terreno vocal en el lied. Esta forma mostró su interés por la poesía y la literatura (fuera del ámbito de la música teatral) siguiendo la idea romántica de la fusión entre ambas artes. Esta unión sirve espléndidamente a uno de las categorías básicas del periodo: la expresión del inexplicable, de lo inefable, pues el poema lo verdaderamente importante se halla contenido "entre líneas".

La expresión "lied" puede designar muchas cosas: desde una canción medieval del tipo de los trovadores, a una polifónica, aun poema estrófico. El alemán significa cualquier canción, sea folclórica, de trabajo, política o infantil, pero el sentido más normalizado del término designa una cierta canción de concierto, culta, que fue desarrollándose en Alemania desde finales del siglo XVIII y durante el XIX, escrita sobre un poema con pretensiones literarias, cuyo sentido es puesto música por el compositor. Proceden de un género menor del siglo XVIII: las canciones compuestas como pasatiempo musical para aficionados; muchos de los poemas que se usaban los primeros lieder aspiraban a la poesía folclórica, y muchas obras a la canción de este tipo, siendo cómo le ha de que poesía y música eran indisociables. Destacó en este terreno la llamada escuela (liederística) de Berlín entre cuyos compositores destacan Johann Adam Hiller, Carl Heinrich Graun, Friedrich W. Marpug, C.p. Enmanuel Bach, o Cristian G. Neefe. En una segunda generación mencionamos a Schülz, Reichard y Zelter, que osaría poemas de Goethe y escriben obras más ambiciosas. Zumsteeg destacada en el sur de Alemania. En general estos lieder del XVIII suelen presentar una melodía poco interesante, una armonía convencional y un acompañamiento con una figuración establecida de antemano. Todo ello se explica en parte como consecuencia de la idea dominante de que la música ha de subordinarse a la poesía (idea de la que participó el propio Goethe).

El *florecimiento del lied* como género artístico en el XIX la zona se debe a la confluencia histórica de varios factores:

- El auge de la poesía lírica romántica que proporciona a los compositores textos cuya naturaleza ya es musical y en los que anida una nueva sensibilidad.
- La popularidad del piano.
- La difusión de la interpretación doméstica en los hogares de clase media y el interés del público burgués por la composición de carácter intimista.
- El éxito comercial de la edición musical.
- La presencia Franz Schubert en el panorama musical, con cuya obra el género alcanzó un serio nivel artístico.

1.1 FRANZ SCHUBERT (1797-1828)

Schubert escribió unos seiscientos lieder entre 1814 y 1828, o sea una media de 43 por año. Esto indica que compuso lieder durante todas las etapas de su vida.

Al principio de su carrera, buscó en los grandes poetas (Schiller y Goethe) los *textos* para sus composiciones, pero luego sus elecciones fueron más variadas. Schubert sabía inmediatamente cuando un texto era adecuado para un lied.

Los *temas* preferidos por Schubert son la naturaleza, el amor y sus la muerte. Su tratamiento sigue dos patrones básicos:
- El desarrollo de una ficción donde cobran relevancia los elementos fantásticos y oníricos: La bella molinera, El enano o El rey de los alisios.
- La reflexión y análisis más serios: Margarita y la rueca, o La muerte y la doncella.

En cada lied Schubert recrea una impresión generada por el poema. El papel del piano en la composición es recrear esa atmósfera, usando frecuentemente para ello motivos repetidos a lo largo de toda la obra. También la voz interviene reconstruyendo en su escritura elementos del discurso o una idea más global. En este sentido, voz y piano se apoyan mutuamente en la expresión del sentido del poema. Ninguno de los dos elementos aislados es nada; el piano no tiene tanta relevancia como en Schumann, que utiliza largos preludios o posludios, pero apoya y da marco a la voz. Ésta, sin la colaboración del piano, pierde todo su vigor.

En cuanto a la forma de sus lieder, Michels establece tres categorías:

a) **Lied estrófico simple**: en él la melodía y el acompañamiento son iguales en cada estrofa: Heidenröslein o Das Wandern.
b) *Lied estrófico variado*: también estructurado en estrofas, pero con melodía y acompañamiento que se modifican en algunas: por ejemplo, en La trucha y de en *El tilo.*
c) **Lied de composición desarrollada**: melodía y acompañamiento son siempre nuevos siguiendo la acción expresada en el poema.

Estas canciones de Schubert no fueron tensadas para ser cantadas en concierto sino para audiciones privadas en salones, o en veladas musicales con el compositor y sus amigos gamadas "Schubertiadas". Puede considerarse el lied de Schubert como un universo en sí mismo.

1.2. SCHUMANN

El nombre de **Robert Schumann (1810-1856)** suele aparecer emparejado con el de Schubert cuando se habla del lied alemán del XIX.

Schubert compuso sus lieder durante toda su vida, mientras que Schumann sólo lo hizo a partir de 1840 (250 aprox.) Para el primero es un género fundamental, para el segundo una posibilidad expresiva entre otras.

Los *poetas preferidos* de Schumann fueron Heine, Ruckert y Eichendorff, especialmente primero. Elige sus textos dando prioridad a la calidad de los mismos. También exige que el texto de juego a las intenciones del músico, pues no busca como Schubert una atmósfera general, sino que pretende *traducir cada palabra*, lo que hace que sus lieder tengan a veces una apariencia fragmentaria desde el punto de vista musical.

Los *temas* preferidos son el amor contrariado y la naturaleza, que expresa respectivamente en siglos como Los amores del poeta y El amor y la vida de una mujer, y en Claro de luna o Crepúsculo, donde hace admirables evocaciones de la naturaleza.

En cuanto a la *forma,* para Schumann la *improvisación* es un procedimiento compositivo esencial: toda la obra debe presentar un desarrollo espontáneo. Según Beltrando Patier pueden establecerse dos categorías para clasificar formalmente sus lieder:

- *Los lieder aislados*: en los que predomina el estrofismo, frecuentemente modificado según las exigencias del texto.
- *Los ciclos*: presentan organización interna precisa. Los procedimientos que sigue Schumann para ello son diversos: retornos de temas entre lieder, encadenamientos según las relaciones tonales, y otros.

En su concepción del lied, Schumann otorga más importancia al *piano* de lo que lo había hecho Schubert, como vehículo para la expresión del sentido contenido en el poema. Además de darle un papel de solista con la composición de extensos preludios de postludios, refuerza la expresión en igualdad de condiciones con la voz, y por último sirve de apoyo a la cantante. Su composición no difiere mucho de las pautas seguidas para la composición de obras para piano solo. Esto no sucede en Schubert cuya concepción acompañante del piano es más sencilla.

La expresión está tratada de forma distinta: en Schubert se crea una atmósfera; en Schumann la música sigue más puntualmente el contenido del poema.

Los *medios de expresión musical* de que se valen ambos también son diferentes: Schubert se apoya procedimientos rítmicos y melódicos, mientras que Schumann da prioridad a los recursos armónicos entre los que destaca el cromatismo, los acordes alterados y la armonía sobre pedal.

La música de Schumann, aunque romántica y vehemente, no parece dejar ni una sola nota al azar.

1.3. BRAHMS

Aunque otros compositores anteriores escribieron lieder se considera a **Brahms (1833-1897)** el compositor del lieder más importante posterior a Schumann. Brahms escribió doscientos lieder a lo largo de toda su vida. Su ideal era la canción popular y sudeste lo está más bien próximo a Schubert y su composición estrófica. Su centro de atracción es *la voz*, mientras que el acompañamiento se limita a doblar por la melodía vocal o a acordes arpegiados con ritmos cruzados.

1.4. HUGO WOLF (1860-1903)

El último florecimiento del lied romántico se debe al trabajo de Hugo Wolf, que en opinión de Di Benedetto fue el que llevó la forma de los ámbitos privados a los salones de concierto.

En su obra aparecen los ideales estéticos del segundo Romanticismo (fusión de las artes y las letras) de influencia wagneriana plasmados en la canción. Wolf compuso una gran cantidad de lieder que se editaron en colecciones principales entre 1886 y 1896, cada una sobre un solo poeta o grupo de poetas. Los autores más habituales fueron Mörike, Eichendorff o Goethe. Escribió además el Spanisches Liederbuch (1891) con 44 canciones sobre traducciones de poemas españoles y el Italianisches Liederbuch (1892-1896) con 46 traducciones del italiano.

La influencia de Wagner es especialmente patente en el *papel del piano* cuya función es análoga a la orquesta wagneriana si bien Wolf escribió las partes de canto con una concepción más esencialmente vocal.

En sus canciones se lleva a pequeña escala el ideal wagneriano de unir poesía y música en una sola obra de arte universal, demostrando una extraordinaria capacidad en el manejo de los versos alemanes consiguiendo que texto y música parezcan uno solo.

2. LA ÓPERA

La ópera durante el Romanticismo será un espectáculo de primer orden. La vida urbana posibilitó el sostenimiento de los grandes espectáculos y la clase burguesa dominante expresó su refinamiento y poder en los magníficos teatros que fueron construidos en toda Europa durante estas fechas. La ópera, que ya era un acontecimiento social de primera fila en siglos anteriores.

Al considerar la ópera en Europa encontraremos varios modelos y estilos, pero lo que se observa como una lírica general de evolución es el paulatino abandono de una ópera con números cerrados bien definidos, en favor de un drama concebido de forma totalmente unitaria. En este aspecto es paradigmático el caso de Wagner. Las oberturas tomarán con frecuencia la forma de obertura popurrí, en la que se hallan los temas más importantes en la ópera.

Se busca una ópera ideal, un equilibrio entre las diferencias nacionales y la manifestación de los sentimientos y estados anímicos individuales y comunes a todos los individuos, y todo ello en una sociedad jerarquizada pero abocada a la decadencia. Marschall identifica ciertos temas que serán aglutinantes de esta intención, como la rebeldía del héroe ante el poder político, la liberación de un amor desesperado (que a menudo pasa por la muerte) la tensión que experimenta el hombre sometido al poder combinado de la naturaleza, la superstición y la religión, y la mujer y su dualidad de carácter.

2.1. FRANCIA

La presencia de Gluck en París, los acontecimientos políticos que tuvieron lugar en Francia y el ascenso de una nueva clase dominante, hicieron de esta ciudad el centro operístico más importante de la primera mitad del siglo XIX. Esta ópera francesa reflejó la curiosa oposición romántica, siendo el período una época de fuerte nacionalismo, resultó ser un espectáculo internacional, mezcla de elementos italianos, alemanes y franceses.

Se distinguieron varios tipos:
- La grand opéra
- La ópera realista
- El drama lírico
- La opereta

Con la tendencia a un drama unitario, los tres primeros géneros se fueron fundiendo, mientras que la opereta sobrevivió como género independiente.

2.1.1 LA GRAN ÓPERA

Es la gran opéra sería francesa, heredera de la tradición representada por Lully, y continuada por Gluck. Para Michels es el género operístico representativo de la Monarquía de Julio de 1830-48, donde se refleja la conciencia del progreso del poder y los hallazgos técnicos de la sociedad burguesa, a través de su complejidad y espectacularidad escenográfica. El exceso, tan característico del gusto burgués se muestra, de nuevo siguiendo la exposición de Michels, en:

-   El uso de escenas de ambiente con grandes masas (cuadros) y sorprendentes giros de la acción (golpes de efecto)

-   Marcados contrastes entre escenas populares y ámbito privado, que van desde el tópico a la mayor expresividad.

También es característica la magnificencia solística, coral y orquestal, el convencionalismo y romanticismo conservador, la suntuosidad del ballet, y la escenificación de temas de carácter historicista (ahora no tomados de la Antigüedad sino de la Edad Media) tratados según la convención de la época. También fue muy popular la trama de rescate. La estructura se fijó en cinco actos.

Los medios musicales abarcaban todo lo que se utilizaba hasta entonces la ópera:

-   Recitativos acompagnato para las escenas
-   Arias, cavatinas, romanzas, baladas y dúos apasionados
-   Concertantes
-   Grandes coros que representaban al coro
-   Gran orquesta que incluía elementos programáticos

Los precursores de este nuevo estilo operístico fueron Spontini (*La Vestale*), Cherubini y Méhul; y sus principales representantes Meyerbeer y Auber en, y como libretista Eugène Scribe.

A. Meyerbeer

Giaccomo Meyerbeer (1791-1864), alemán de origen, acabó siendo la máxima autoridad operística en Francia. Había sido alumno de Clementi, de Zelter y del abad Vogler. Compuso singspiel para Berlín y óperas italianas por consejo de Salieri, algunas de ellas con Romani, libretista que también lo fue de Rossini, Bellini y Donizetti. Estas experiencias dotaron a Meyerbeer de un *estilo ecléctico*, virtuoso y espectacular, en que se observa el sentido alemán de la armonía, caracterizado por su aplicación libre de las reglas, y la influencia italiana en la inspiración y expansión de la melodía.

Según indica Jay Grout, Meyerbeer *fijó el estilo de la grand ópera* con dos de sus obras *Robert le Diable* (Roberto el diablo, 1831) y *Los Hugonotes* (1836) ambas en colaboración con el libretista Scribe.

Robert le Diable es un drama en cinco actos que muestra los grandes motivos del Romanticismo (la Edad Media, lo fantástico) y representa el tema de la lucha del hombre contra las fuerzas del mal.

Los Hugonotes puede considerarse una de las más populares óperas de todos los tiempos. Se caracteriza por su esplendor escénico unido a una música de gran intensidad y original colorido orquestal.

B. Berlioz

Marschall opina que una de las mayores contradicciones de la figura de Berlioz (1803-1896) es el carácter secundario que para él tuvo la ópera mientras que la verdadera esencia de su talante teatral se muestra en las obras no teatrales.

Claudio Casini considera como características principales de su obra las continuas referencias literarias y la inoserbancia de las reglas tradicionales, lo que le otorgó fama de revolucionario. En este contexto es como hay que valorar la obra teatral de Berlioz.

Sin embargo la literatura romántica es para él un marco de referencia muy general ya que su pensamiento musical funciona en términos absolutos, es decir, a base de melodías y timbres orquestales. Esto se reflejó en su obra operística, lo que ocasionó que fuera mal acogida en su momento. En *Benvenuto Cellini* (1834), su primera ópera, choca la mediocridad del libreto con la calidad y el dramatismo de la música.

También escribió *Béatrice et Bénédict* (1862), basada en *Mucho ruido y pocas nueces* de Shakespeare, y *Los Troyanos* (primera parte:1858, segunda parte 1863), inspirada en *La Eneida* de Virgilio.

2.1.2 LA ÓPERA CÓMICA

Durante la primera mitad del siglo tuvo gran auge como contrapartida de la *grand opéra*. Su estructura muestra **diálogos hablados** en lugar de recitativos, y consecuentemente la música se estructura en **números cerrados** con canciones, romanzas, arias breves, coros, concertantes y una orquestación descriptiva.

Los **temas** fueron evolucionando desde la expresión de los temas de la vida cotidiana hacia otros más serios y conmovedores, derivando en el Segundo Imperio (hacia 1850) en dos direcciones: una que tiende hacia el drama lírico y otra que desembocará en la opereta, la revista en las variedades.

Sus principales representantes fueron Boieldieu con *La dama blanche* (1825), Auber con *Fra Diavolo* (1830), Hérold y Adam con *Le postillon de Longjumeau* (1836). Scribe fue el libretista más destacado.

2.1.3 EL DRAMA LÍRICO

A partir de 1849 puede decirse que la *grand opéra* entró en declive. Con la instauración del imperio de Napoleón III, o Segundo Imperio de Napoleón Bonaparte, la expansión de la burguesía impuso unos hábitos moralistas contrarios a las convenciones del liberalismo constitucional anterior, rechazándose así los aspectos más espectaculares de la *grand opéra*. Surgió el llamado **drama lírico,** en que la trama mostraba conflictos individuales y recreaba una atmósfera más intimista y sentimental.

El *libreto* comenzó utilizando temas de la historia, las leyendas y los cuentos de hadas y acabó explorando la novela y el realismo. A menudo constaba de diálogos hablados siendo así en el terreno de la *forma* análoga a la opéra cómica, pero cuando esos diálogos eran sustituidos por recitativos se transformaba en gran ópera. La *música* se llenó de funciones psicológicas. Estructuralmente tenderá a la aproximación entra recitativos y arias gracias a un arioso situado a medio camino entre ambos, con el abandono gradual de la forma de números. La *orquesta* será aprovechada como medio de expresión de la acción y del sentido del texto. Su *lugar* de representación no es la Grand Ópera de París en, sino el Théâtre lyrique o la Ópera Comique, el segundo escenario parisino en importancia.

El representante más importante de esta tendencia fue **Charles Gounod (1818-1893)**, cuyo estilo se impregna de la claridad de Mozart. A juicio de Marschall, su obra más interpretada, *Fausto* (1859), es una obra ampulosa donde conviven el género serio y jocoso.

A Gounod le gustaban los grandes temas, que no siempre dieron origen a grandes obras, pero su verdadero talento se muestra en su lirismo, intimismo, encanto vocal y pureza de estilo, que se muestra en su obra maestra desconocida, *Romeo y Julieta* (1867).

El heredero de Gounod será **Jules Massenet (1842-1912)**. Su obra más renovadora se considera *Werther* (1892) en la que integran procedimientos wagnerianos (como el leitmotiv) y la coherencia formal con su lenguaje francés, dotando a la estructura de la orquesta de una transparencia que consigue transmitir una extrema sensibilidad sin renunciar a las asperezas.

Rival de Massenet, **Camile Saint-Säens (1835-1921)** recoge la tradición de Berlioz que funde con elementos de la gran ópera y una moderada influencia wagneriana (uso poco riguroso del leitmotiv, con preferencias por las formas cerradas). Su obra maestra en el género operístico es *Sanson y Dalila* (1877) inicialmente concebida como oratorio, lo que explica la importancia del coro.

2.1.4. LA ÓPERA REALISTA

Estructuralmente procede de la ópera cómica por el uso en principio de diálogos hablados en lugar de recitativos pero funde elementos de la *grand ópera* y del drama lírico. Su obra más representativa es *Carmen* (1875) de **Georges Bizet (1838-1875).**

Esta ópera (sobre texto de Merimée) es un intento para describir al hombre y la vida cotidiana con una ***tensión dramática*** que nunca flaquea.

Formalmente deriva de la ópera cómica, pues fue escrita con diálogos hablados. Los recitativos fueron añadidos a la muerte de Bizet por Guiraud. Estilísticamente diluye los límites entre los diversos géneros operísticos franceses, y aunque la adición de los recitativos la acercan a la gran ópera, se distinguen de ella y de la ópera cómica por su ***tema realista***. Asimismo la construcción de ciertos ***papeles*** como el de Micaela la apróxima al drama lírico, mientras que el personaje principal, Carmen, es un nuevo tipo de papel que exige grandes cualidades interpretativas. El realismo procede tanto del tema como de la utilización de danzas populares (la habanera o la seguidilla) y aunque representa la violencia de forma moderada servirá de modelo y paralelo a la corriente verista.

2.1.5. LA OPERETA

Se define como una ópera ligera en varios actos, en la que es típico el uso de canciones musicalmente sencillas y a menudo actuales, danzas de moda (can can, vals, polca) y marchas. Este género está en el límite de lo que en la época se consideraba como ópera.

El autor más representativo de este tipo fue **Jacques Offenbach (1819-1880)** con obras como *Orfeo de los infiernos* (1858), y *La bella Helena* (1864), parodias de los métodos de la antigüedad, o *La vie parisienne* (1866) donde hace lo mismo con el sentimentalismo y la moral banal de la época. Su última ópera *Los cuentos de Hoffmann* (1881) no pertenece a este tipo, sino que es un ejemplar muy tardío de ópera romántica en el estilo del primer Romanticismo, llena de fantasía.

2.2. LA ÓPERA ITALIANA

Durante los últimos años del siglo XVIII la ópera italiana había declinado. Italia tendió a un cierto **aislacionismo** y perdió el primer puesto en lo que a un música instrumental y de cámara se refiere en favor de Alemania. Gluck y su reforma no calaron en este país ya que sus propuestas (depuración dramática y sobriedad estilística) se sentían como ajenas a la tradición operística napolitana, que primaba los siguientes aspectos: perfección del canto, brillantez orquestal, número limitado de formas fijas y personajes estereotipados en los que el público podía reconocerse con facilidad, a pesar de las confusas tramas frecuentes en los libretos. Así lo "romántico" no parecía tener mucho espacio en la ópera italiana.

Einstein da algunas **razones no musicales** que pueden explicar este aislacionismo y la aparente esencia de elementos románticos:

- Unas son de **carácter político**: ni los Habsburgo (en Lombardía y Venecia), ni los Borbones (en Nápoles) ni el Papa (en Roma) veían con buenos ojos el intercambio cultural entre sus dominios y el resto de Europa.
- Otras son de **tipo ideológico**: Einstein considera el movimiento romántico como algo típicamente alemán tenido de la nostalgia del sur, de su colorido y de su libertad, a la vez que reivindicaba su propio germanismo. Este romanticismo no era necesario en países como Italia o España, y por tanto no tuvo en ellos tanta pujanza. Sin embargo el romanticismo vendrá dado por un gusto por los **temas** pasionales y por aquellos en los que se reivindica la identidad y la libertad de los pueblos, ya que en este momento italiana obtendrá su unificación e independencia de dominaciones extranjeras.

El resurgimiento de la música operística de Italia se expone de la siguiente manera:

La opéra Bufa experimentó a principios de siglo un nuevo auge, aunque se extinguió definitivamente con Donizetti. Le sucedió una ópera seria más interesada en temas dramáticos procedentes tanto de la literatura (Shakespeare, Schiller) como de la realidad (verismo).

En el aspecto musical se despliegan formas dramáticas independientes, en especial el aria en dos partes, así como los concertantes. Paulatinamente se tiende a la unidad del drama en detrimento de la ópera de números como el uso de la *scena*. El ideal rossiniano de melodía simple y ritmo claro se mantendrá como característico del estilo italiano, así como la *autonomía* de la música frente al drama: la música gana paulatinamente como la expresión de la acción y de los matices psicológicos (Verdi), pero no se convertirá nunca en algo equivalente al drama wagneriano.

Durante la primera mitad de siglo es abundante el número de compositores que escriben ópera en Italia. Entre ellos destaca la terna Rossini, Bellini y Donizetti, contemporáneos y rivales, respetuosos con la tradición y a la vez dueños de un estilo personal.

A. Rossini

Gioachino Rossini (1792-1868) es la figura más destacada entre 1810 y 1830. El género que domina por excelencia es la *opéra bufa*, a pesar del predominio en su catálogo del género serio, siendo su *Barbero de Sevilla* (1816) una de las cimas de la ópera cómica. Escribió 39 óperas entre 1810 y 1829 estrenó en París *Guillermo Tell*. Tras esta obra cayó en un mutismo musical roto esporádicamente.

Su influencia marcó la obra de Bellini y Donizetti, así como al joven Verdi, en el que pueden rastrearse elementos rossinianos incluso en sus últimas óperas.

El poder de fascinación de su música procede de la aplicación sencilla de tres *recursos*: eufonía, repetición y simetría, en los que excluye toda complejidad:
- La *melodía* tiene un carácter espontáneo. De ella se elimina cualquier rasgo de improvisación dieciochesca.

- El *ritmo* es sencillo, pegadizo y vivaz. Tiende a la repetición que queda subrayada por la *tímbrica*: la adición de instrumentos, sistema con el que consiguieron sus célebres *crescendi,* refuerza la repetición.

- Destacada el *color* de los instrumentos solistas, el uso de la trompa y los abundantes solos de viento madera. Aumenta la participación de la *orquesta* en el desarrollo dramático.

- La *armonía* queda reducida a los postulados didácticos del siglo XVIII.

- En cuanto a la *forma*, los recitativos seccos son definitivamente suprimidos (*Otello*, 1816); las piezas son enlazadas mediante recitativos acompañados e intervenciones del coro. Las oberturas muestran forma de sonata sin desarrollo (con introducción lenta y coda rápida: *El barbero de Sevilla*) y las arias se extienden partiendo de modelos estereotipados hasta dar lugar a nuevas estructuras. Ganan en importancia los finales de acto.

Pero sobre todo esto destaca la *línea del canto*, símbolo de la estructura rossiniana, cuyo cuidado, que equilibra el virtuosismo y la expresión le ha proporcionado el calificativo de *bel canto*.

B. Bellini

Vincenzo Bellini (1801-1835), compuso nueve óperas. Las tres principales son *La sonambula* (1831), *Norma* (1831) e *I Puritani* (1835). El repertorio de este autor ha caído prácticamente en el olvido con la excepción de *Norma*, puesto que hay debilidades importantes en los libretos y en la construcción de sus óperas. El interés de Bellini no está ahí sino en el espléndido *uso de la voz* y en la lección de ciertos *temas.*

El *canto* de este autor refleja un perfecto conocimiento de las posibilidades fisiológicas de la voz así como exige unas cualidades técnicas que hicieron escuela. La tensión y la distensión están muy bien equilibradas, la curva de la melodía aprovecha una respiración lógica y los puntos culminantes están sabiamente determinados. *Norma* es un reflejo de todas estas cualidades. En esta obra muestra un recitativo que se aproxima a carácter del *arioso*.

La influencia de la melodía de Bellini es patente en Chopin y Mendelssohn, así como en el joven Verdi, pero la influencia más asombrosa de este autor (según Marschall), es la que ejerció sobre Wagner a través de *Norma*, no sólo por su riqueza melódica y el íntimo ardor de su música, sino por el tema (que procede de la mitología alemana) con una idea fundamental: la unión de los amantes tras la muerte, idea que sería retomada por Wagner en *Tristán e Isolda*. Bellini inauguró así la moda de los *temas nórdicos*, que estuvo presente en autores latinos posteriores (Donizetti - *Anna Bolena, Lucía de Lammermoor-*, Verdi - *Macbeth, Un ballo in maschera, Falstaff-*, Massenet - *Werther-*...).

C. Donizetti

Gaetano Donizetti (1797-1848) comenzó en 1822 su larga y fructífera colaboración con el libretista Romani con el que trabajó en *Anna Bolena* (1830), primer éxito internacional de Donizetti, *L´elisir d´amore* (1832), bufa, *Lucrecia Borgia y Lucía di Lammermoor,* ambas serias. Las más famosas de sus últimas obras fueron escritas para teatros parisinos: *La Fille du regiment, La Favorite* (ambas de 1840), y su última obra maestra del género bufo *Don Pasquale* (1843).

Donizetti mostró en la elección de los **temas** de sus óperas serias una tendencia que sería muy frecuente en la escena italiana: el uso de argumentos donde no predominase el decoro y la razón sino la acción y las poderosas pasiones, todo lo cual era percibido como adecuado en un momento histórico de convulsiones políticas (tendentes a la revolución) que conducirían al *Risorgimiento.*

En esta variedad de opéra sería aún hay **rasgos tradicionales** que las bufas como el uso de *scena ed aria*. Las obras serias expresan mejor el talento de Donizetti que las bufas. Entre ellas destaca *Lucía di Lammermoor* (1835) donde consigue el equilibrio entre el interés dramático y musical. Esta obra se considera una de las obras cumbres de la ópera italiana.

D. Verdi

Giuseppe Verdi (1831-1901) es considerado el compositor de ópera italiano más importante del siglo XIX y síntesis de las diversas tendencias de la ópera en Italia durante las primeras décadas del siglo.

Su figura artística está unida a su **relevancia política**. El siglo XIX fue el siglo de la unidad italiana. El poderoso movimiento que buscaba la independencia fue conocido con el nombre de **Risorgimiento** y el centro de las hostilidades fue Roma. El primer gran triunfo de Verdi, *Nabucco*, y su conocidísimo "coro de esclavos", fue tomado por los italianos como reflejo de su propia situación histórica e himno de libertad. También el compositor estuvo presente en las insurrecciones de 1848-49, no sólo en persona sino a través de su música. Su nombre se acabó convirtiendo en un acróstico revolucionario: VERDI significó "Vittorio Emanuele Re d´Italia. Cuando se formó el primer parlamento nacional en 1861, fue elegido diputado.

a) Características de su estilo

Verdi fue un compositor dotado de un excepcional talento dramático. Para Marschall simboliza el término de una evolución progresiva hacia la **verdad dramática** que prescinde del virtuosismo y el ornamento inútil pero no de la pura belleza. En este camino de la búsqueda de la verdad intervienen todos los elementos a su alcance:

- *La voz*: le permitirá hacer poderosas caracterizaciones dramáticas. Otorgará papeles inusualmente preponderantes a las voces de barítono y mezzosoprano, así como magníficos pasajes a los bajos aprovechando sus cualidades dramáticas.

- *La orquesta*: interviene creando situaciones anímicas, ambientes y lugares, pero también subrayando los contenidos del texto. Aunque separada del canto, tenderá a colaborar con él cada vez más en la expresión de la historia. Los temas musicales no sólo identifican situaciones y personajes, sino que recuerdan al público sucesos acontecidos anteriormente.

- *Los argumentos* preferidos son el amor que lleva a la muerte, los celos, la mujer frágil y divina, la difamación... pero también la libertad, la historia novelada y los dramas literarios

- *Las estructuras formales:* partirá de una ópera de números dando una paulatina coherencia formal al drama, que desemboca en la "parola escénica" de sus últimas obras, donde la diferenciación formal queda abolida en aras de la coherencia expresiva y dramática. En ellas el propio Verdi niega la influencia de Wagner, que siguió una tendencia similar hacia la unificación del drama.

b) El verismo

El verismo es una corriente operística italiana de finales del siglo XIX, influida por el *naturalismo literario* francés y contraria tanto al romanticismo de Verdi como los dioses y héroes de Wagner. El realismo y el naturalismo fueron corrientes literarias del siglo XIX. La finalidad del naturalismo literario es la plasmación realista del mundo sin idealización romántica alguna, resultando la obra así impregnada de crítica social. Por su propia naturaleza, la musica no pueda responder a este ideal ya que es en sí una estetización de la realidad, de aire que (según Michels), el traslado de los presupuestos realistas y naturalistas a la ópera afecte al *libreto* fundamentalmente. La *acción* transcurre a menudo en capas sociales bajas, y es apasionada, brutal y llevada a los límites. Muestra asesinatos, sangre y horrores que buscan estremecer al espectador. La música resulta un tanto brusca y se llena de interjecciones vocales realistas, así como sonidos procedentes del exterior.

El verismo se inicia con *cavallería rusticana* (1890) de **Pietro Mascagni (1863-1945),** breve ópera que narra una sencilla historia de pasiones y venganza con el trasfondo colorista de su ambiente siciliano. Musicalmente resulta bastante tradicional con una sintaxis armónica simple y melodías dobladas con acompañamientos muy sobrios. La otra obra más importante del género fue *I Pagliacci* (1892) de **Ruggero Leoncavallo (1858-1919)**, que se caracteriza por el *pathos* exagerado al igual que la primera y con la que suele compartir cartel en las representaciones. En este segundo caso el drama y la música son más sofisticados, la obra resulta más continua, más moderna y con una diferenciación entre recitativos y arias menos acentuada.

F. Puccini

Giacomo Puccini (1858-1924) fue la última personalidad operística italiana del siglo XIX. Pasa por ser un integrante del verismo, y aunque pueden identificarse algunos aspectos en sus obras que responden al mismo, debe ser considerado un genuino representante de la ópera de finales de siglo y heredero de la tradición vocal italiana que se remonta hasta Rossini.

Su primera obra importante fue *Manon Lescaut* (1893), tercera de sus óperas. Sus tres obras maestras son: *La Bohême* (1896), donde refleja un ambiente modesto, emociones sencillas y conmovedoras; *Tosca* (1900) y *Madame Butterfly* (1904).

Sus obras posteriores *Fanciulla del West* (1910) *Turandot* (inconclusa a su muerte) no llegan a las alturas de las anteriores, pero no pueden desestimarse en absoluto.

2.3. ÓPERA ALEMANA.

La música teatral alemana fue la más directamente influida por la *literatura*. La ópera es un medio en el que los germanos han producido pocos especialistas. Así los compositores simultaneaban frecuentemente la escritura de óperas con el de otro tipo de composiciones, hecho que tuvo efectos en la música teatral.

Antes de la formación de la verdadera ópera romántica alemana, destaca como obra de transición *Fidelio* (1805, primera versión) de Beethoven: Es ésta una *ópera de rescate* que desarrolla los temas de la salvación y la liberación, temas que enfocados con redención serán después usados por la ópera romántica. Se inspira en los ideales de la Revolución Francesa a través de cuatro ideas fundamentales: libertad, fidelidad, fraternidad y alegría.

A. La ópera romántica alemana. Weber: Der Freischütz

Existen notorias diferencias entre la ópera alemana y su correlato italiano, derivadas de las características del lirismo alemán. Marschall enumera así estas características:

- Utilización de fuentes legendarias y revalorización del cuento de hadas hasta convertirlo en obra de arte.

- Uso de la naturaleza como objeto de descripción y fuente de inspiración mística.

- Fusión del hombre con la naturaleza y sentimiento de amenaza (por parte del hombre) a causa de las fuerzas demoníacas que existen en ella, de ahí el deseo de liberación y la esperanza de redención.

Karl Maria von Weber (1876-1826), se distinguió por su brillante carrera como director de orquesta y director de teatro. Empezó componer muy joven. Con *Der Freischütz* (*El cazador furtivo*, 1817-1820), consiguió crear una ópera nacional alemana parangonable con sus homónimas francesa e italiana.

Der Freischütz es con singspiel muy evolucionado, donde se asocian los diálogos hablados con pasajes del *bel canto* italiano y la forma del lied como base del canto vocal. Su argumento es plenamente romántico con temas fantásticos y sobrenaturales, presencias mágicas en la naturaleza, fantasmas, visiones y sueños, la lucha de la luz y las tinieblas, el ambiente popular... Es de destacar los **coros** presentes en vastas escenas, que se derivan primordialmente de la tradición del orfeón en la que los componentes son hombres. También destacamos la aún tímida utilización de **motivos recurrentes** y el **simbolismo** orquestal. Las restantes óperas de Weber, en especial *Euryante* (1823) y *Oberon* (1825-1826) participan de la misma solidez compositiva.

B. Wagner

Richard Wagner (1813-1883), es una gran figura que resulta difícil de definir. Músico, poeta, actor, filósofo...

Su **dimensión política** fue realmente importante, si bien su pensamiento y su acción no fueron coherentes. Esta contradicción unida a su talante elitista tanto en lo artístico como en lo humano, impidieron que llegará a ser un héroe nacional como lo fue Verdi. Aspiraba a ser poeta. Como compositor y dramaturgo dejó abundantes **escritos** que nos informan acerca de sus opiniones estéticas, entre los cuales la obra más significativa por ser la que más sistemáticamente sintetizar su pensamiento es *Ópera y drama* (1850):

1. Rasgos de la obra wagneriana

Wagner admiró siempre a Beethoven y a Shakespeare. La **unión entre poesía y música** que pretendía impregnar el sentido de **la obra de arte total** wagneriana, en la que todos los elementos (imagen, música, texto, acción, gesto) están unidos bajo la supremacía del drama. Los temas usados por Wagner proceden de la mitología alemana, las leyendas populares, y la magia.

Escribió sus propios libretos utilizando frecuentemente en sus versos el *Stabreim*, antiguo tipo de versificación alemán en el que predomina la aliteración. La composición poética y musical busca la precisión total y la significación máxima. Para reforzar esta semanticidad hace uso del **leitmotiv**.

Este recurso es más que un motivó recurrente, pues está en permanente transformación según la situación, el pensamiento y el estado anímico de los personajes. Tiene función estructural, y su aparición en la orquesta permite que ésta se integre la acción.

La **melodía infinita** suprime las cadencias, lo que significa un pensamiento musical continuo. A partir de *Tannhäuser* y *Lohengrin* las formas cerradas son abandonadas y sustituidas por una declamación cantada que realza la melodía infinita en el plano vocal. El **ritmo** es una especie de micro-ritmo realmente complicado.

La **armonía** y la **instrumentación** son aportaciones decisivas. El pensamiento de Wagner es esencialmente armónico e impregna totalmente su lenguaje invadiendo la melodía. El cromatismo se intensifica hasta llegar prácticamente a sus límites en *Tristan e Isolda*, ocasionando una disolución tonal que antecede el atonalismo. El timbre orquestal se enriquece con una gran variedad de matices expresivos: es rico, suntuoso, sensual, plástico, íntimo... todo ello gracias a la audacia de su instrumentación, derivadas en buena parte del *Tratado de orquestación de Berlioz* y la influencia de Listz. La ampliación de la paleta orquestal le permite realizar acordes completamente en todos los registros y colores, con lo que puede crear una atmósfera específica para cada situación, matizándola.   El resultado es una **textura sinfónica compleja.**

LECCIÓN CUARTA: LA MÚSICA EN ESPAÑA EN EL SIGLO XIX

1. INTRODUCCIÓN

En líneas generales, la música española del siglo XIX es un pálido reflejo de aquélla procedente de Italia. Después del breve desarrollo de la música instrumental, favorecido por la presencia de italianos como Scarlatti y Boccherini en la Corte, reina en España la ópera italiana y el afán de los compositores se concentra, sobre todo, en la creación de un género operístico español, a fuerza de copiar inconscientemente los moldes italianos. Mientras en Centroeuropa los salones de la nobleza y la burguesía servían de hogar a la música sinfónica y camerística, en los salones españoles se cantaba en italiano. Rossini era recibido en triunfo, en tanto Beethoven resultaba un casi perfecto desconocido. La zarzuela y, sobre todo, el género chico, serán los únicos capítulos donde los músicos nacionales no traten de imitar ejemplos foráneos.

2. MÚSICA SINFÓNICA Y CAMERÍSTICA

Si dejamos de lado la ópera y la zarzuela, en España la música culta no empieza a florecer hasta bien entrada la segunda mitad del siglo XIX. Para el desarrollo de la música instrumental son fundamentales las fechas de la fundación de la Sociedad de Cuartetos, a cargo de Jesús de Monasterio, en 1863, y la Sociedad de Conciertos, dirigida por Francisco Asenjo Barbieri, en 1866, que sustituía a la Sociedad Artístico-Musical de Socorros Mutuos, creada en Madrid en 1860. Paralelamente, en Barcelona nacía en 1866 la Sociedad de Conciertos Clásicos, creada y dirigida por Casamitjana y, años más tarde, en 1878, la valenciana Sociedad de Conciertos, bajo la batuta de José Valls. Gracias a estas agrupaciones, nacidas exclusivamente para el fomento de la música camerística y sinfónica, tanto española como extranjera, el ambiente musical cambiará de manera decisiva, favoreciéndose desde entonces la producción de compositores como Haydn, Mozart o Beethoven.

Si la música sinfónica atrajo desde un principio a un público relativamente numeroso, la camerística no salió nunca de los círculos elitistas de la burguesía y el patriciado urbano. En tal sentido, hay que recordar que la música de cámara gozó de gran predicamento en la Corte y en los salones de la nobleza durante el siglo XVII representada por las figuras de Doménico Scarlatti, Luigi Boccherini y Antonio Soler, al servicio de la realeza española. En el reinado de Fernando VII esta actividad decae y finalmente se transforma en la pasión por la lírica italiana, que tantas consecuencias habría de traer sobre el desenvolvimiento de la música española decimonónica. La música de cámara, abandonada en la Corte, se refugió en los salones de burgueses aficionados donde se rendía culto a los grandes compositores clásicos. No debe olvidarse, al respecto, la influencia benéfica de las Sociedades Económicas, Liceos y diversos Círculos culturales en la labor de divulgación de la música culta, así como la visita a España de músicos ilustres, como Liszt, Thalberg y Óscar de la Cinna, entre otros, quienes, con sus actuaciones, contribuyeron a la difusión del género clásico.

En 1859 encontramos el primer intento serio de una actividad sinfónica en España, a raíz de una serie de seis conciertos, dirigidos por Barbieri en el Teatro de la Zarzuela, donde se interpretó por vez primera la Sinfonía 40, de Mozart, un arreglo del Septimino de Beethoven, oberturas de Weber, páginas de Mendelsshon y Meyerbeer, y otras de Haydn. Fechas históricas fueron 1866, año en que la Sociedad de Conciertos de Madrid interpreta por primera vez una sinfonía completa de Beethoven, concretamente la Séptima; en 1867 fueron estrenadas la Quinta y la Pastoral, del mismo autor, mientras la Novena se dio a conocer en 1882.

Respecto a la producción camerística y sinfónica española, mediocre en líneas generales si la comparamos con la europea contemporánea, entre las obras más destacadas debemos incluir los tres cuartetos para cuerda, del malogrado compositor vasco Juan Crisóstomo de Arriaga, que muestran todavía la influencia clásica de Mozart, por su pureza de la forma y la claridad de las líneas melódicas, sus tres Estudios de carácter, para piano, y la Sinfonía en Re Mayor. Salvo estas piezas, tiene poca importancia la música de cámara compuesta por los autores españoles en el siglo XIX, que existe, pero que no alcanza verdadero interés. Los quintetos y tercetos de Diego de Araciel, los tres cuartetos con piano del mallorquín Pedro Tintorer, los dos tríos y la sonata para violín y piano de Marcial del Adalid, y alguna otra obra camerística de autor español estrenada en la Sociedad de Cuartetos, pronto cayeron en el olvido. En el apartado sinfónico, Jesús de Monasterio compuso su Adiós a la Alhambra, de supuesta inspiración árabe, la Fantasía Española para violín y orquesta, y un Concierto para violín y orquesta; Sarasate es célebre por sus Danzas españolas, en particular su famoso Zapateado, y los Aires Gitanos; Pedro Miguel Marqués inició un tímido sinfonismo español con sus 5 sinfonías; Tomás Bretón compuso para orquesta su serenata En la Alhambra y las Escenas Andaluzas, cuyo ingenuo nacionalismo se teñía de cierto aire oriental. También posee un Concierto para violín y algunas obras de cámara; por último, el catálogo de Ruperto Chapí comprende la Sinfonía en Re menor, el poema sinfónico Los gnomos de la Alhambra, la Fantasía Morisca y cuatro cuartetos para cuerda.

3. ÓPERA

La ópera nacional, la ópera cantada en español y con música de carácter español, fue defendida con ardor, pero no llegó a cuajar, y menos a pervivir, salvo el caso efímero de algunas excepciones aisladas. En 1828 se publicaba el opúsculo anónimo "Origen y progresos de las óperas", documento en que quedaba planteado por vez primera el problema de la creación de una ópera nacional. Movidos los autores españoles por el deseo de plasmar musicalmente esta aspiración, los años 40 marcan el inicio de un primer movimiento de actividad operística, promovido por Basilio Basili, Hilarión Eslava, José Valero, Baltasar Saldoni y otros, cuyas obras, en general, no sobrevivieron en medio del italianismo que invadía la vida musical española, en particular Rossini, Bellíni y Donízettí.

Ya en 1847 sé intentó establecer la ópera española en Madrid, para lo que se fundó la sociedad "España Musical", que presidía Hilarión Eslava. En 1850 se concedió al cantante Francisco Salas una exclusiva para ofrecer ópera española en el Teatro Variedades. Cinco años después, en 1855, una concentración de músicos en el Conservatorio de Madrid solicitó de las Cortes protección para la ópera nacional, con subvención suficiente y sede en el Teatro Real. Nada de esto tuvo ningún resultado. Quizá el más curioso esfuerzo fue el del empresario Luciano Berriatúa, que construyó el Teatro

Lírico en 1902 con la exclusiva idea de proporcionar domicilio a la ópera española. Por fin, el siglo se despedía entre discursos, artículos en prensa y concursos de óperas españolas, sin haber llegado sus más fervientes defensores, caso de Barbieri, Bretón o Chapí, a conciliar opiniones respecto de los caracteres formales y estéticos que debían caracterizar la ópera nacional. De resultas dé esta situación, el compositor español deberá amoldarse al esquema tradicional de la ópera italiana, a la que revistieron con temas musicales populares y argumentos locales. No faltaron aquellos autores que llegaron incluso a componer en este idioma para satisfacer las demandas de un público acostumbrado a la ópera italiana.

Loables intentos, en medio del italianismo imperante, jalonan el devenir operístico español durante el siglo XIX: las óperas de Gomis, Ramón Carnicer y Saldoni; Circe y Margarita la tornera, de Chapí; Garín, La Dolores y Los amantes de Teruel, dé Bretón; Gonzalo de Córdoba e Irene de Otranto, de Emilio Serrano; Los Pirineos, El Conde Arnau y La Celestina, de Felipe Pedrell; Fernando el emplazado, de Zubiaurre; o la ópera regionalista de Salvador Giner en Valencia, autor de Morel, Sagunto, El Soñador y El Fantasma, son buena prueba de ello. Desde que se inauguró el Teatro Real en 1850, se supuso que esa sala debería acoger a los operistas españoles, pero no pasó de la teoría. En el Real, templo del italianismo, se presentaron hasta 1900 sólo 17 óperas españolas.

De todas ellas, salvo el efímero éxito de Los amantes de Teruel, de Bretón, y Marina, de Arrieta, reconvertida en ópera, el conjunto restante de las óperas españolas se mantuvo en segundo plano, cediendo el privilegio a la ópera italiana, y no permaneció en cartel. .

4. LA ZARZUELA

La zarzuela puede definirse como un tipo de ópera ligera o cómica, cuyo principio general es la alternancia de escenas cantadas con otras declamadas, frente a la ópera seria, que es toda cantada. Su característica principal reside en su carácter genuinamente español procedente del folklore rural, en unos casos, y del urbano, en el "género chico". Por contra, es este acendrado nacionalismo el que limitó extraordinariamente su difusión e impulso internacional.

Surgida la zarzuela en el siglo XVII, este género persiste, con continuas transformaciones, hasta el Romanticismo. En la formación de la zarzuela moderna habría que citar, como antecedentes inmediatos, la influencia de la ópera cómica francesa e italiana, sobre todo en la estructura formal, y el carácter y argumentos de la tonadilla escénica española del siglo XVIII. La zarzuela moderna, tal como hoy la entendemos, no nace hasta pasado el primer tercio del siglo XIX. Se cita Los enredos de un curioso, estrenada en el Conservatorio de Madrid en 1832, con música de Carnicer, Saldoni, Pedro Albéniz y Piermarini, como la primera zarzuela de la historia moderna.

El verdadero éxito de la zarzuela, fecha en que se determinó la forma del género y fue adoptado por los principales autores españoles, fue la de 1849, a raíz del estreno de Colegialas y soldados, de Rafael Hernando. A ésta siguieron El duende, del mismo autor; La mensajera, de Gaztambide; Gloria y Peluca, que iniciaba la carrera de Barbieri; y El campamento, de José de Inzenga y libreto de Olona.

Poco tiempo después, surge una asociación artística, formada por el libretista Olona, Salas, Gaztambide, Barbieri, Hernando e Inzenga, quienes se propusieron desarrollar la actividad del género en el Teatro del Circo. La nueva sociedad arrendó el teatro y se puso a trabajar sin demasiado éxito al principio, hasta que llegó el estreno de una de las obras que siguen siendo fundamentales en la historia de la zarzuela: Jugar con fuego, de Barbieri (1851), que inauguraba el concepto de zarzuela grande en tres actos, a la que siguieron sucesivamente El valle de Andorra, de Gaztambide; Buenas noches, señor don Simón, de Oudrid; Marina, de Arrieta; El barberillo de Lavapiés, de Barbieri; o El tío Caniyitas, de Mariano Soriano Fuertes. De esta forma, acabó por afianzarse este género entre los gustos y aficiones del público español.

A la zarzuela grande sucedió en interés y popularidad el género chico, denominado así porque cada una de sus pequeñas zarzuelas constaba de un solo acto. Mientras en la zarzuela grande aparecen los temas dramáticos o comedias de complicada acción, los libretos del género chico se circunscriben al ambiente del sainete o la pequeña escena de costumbres, y son más breves. El género chico, todavía sin música, nació en 1867 en el Teatro madrileño dé "El Recreo", cuando la empresa pensó en ofrecer teatro por secciones en lugar de la función completa, que duraba cuatro o cinco horas. De este modo se satisfacía a mayor cantidad de público, con un entretenimiento que no pasaba de una hora y prescindiendo de los entreactos. Aplicado ya a la música, el primer éxito de este género fue La canción de Lola, de 1880, con música de Chueca y Valverde y texto de Ricardo de ía Vega. El público respondió muy bien y dio mucho dinero a aquel nuevo género, que tuvo su domicilio en teatros como el Martín, el Eslava, el Variedades y el Apolo. Hacia 1910 decae el género chico, sustituido por la naciente revista musical, si bien hasta entonces se mantuvo en cartel con gran éxito junto a la zarzuela grande.

Obras maestras del género chico son: La verbena de la Paloma, de

Tomás Bretón; El tambor de granaderos y La Revoltosa, de Ruperto Chapí; Agua, azucarillos y aguardiente, La alegría de la huerta y La Gran Vía, de Federico Chueca; Gigantes y Cabezudos, de Manuel Fdez. Caballero; La Tempranica y El baile de Luis Alonso, de Gerónimo Giménez, etc.

5. OTRAS MANIFESTACIONES MUSICALES

5.1. PIANO

El piano fue el instrumento predilecto del Romanticismo, capaz de responder a las exigencias tanto de expresividad como de un arrollador virtuosismo. La música española para piano en el siglo XIX, más atenta al lucimiento técnico y, por otra parte, bajo el influjo de la música de salón, no alcanzó el nivel requerido para figurar dignamente en la música europea del momento. Este panorama continuará hasta la llegada de dos músicos de talla internacional: Isaac Albéniz y Enrique Granados.

5.2. GUITARRA

Brillaron en el campo de la guitarra, al tiempo que renovaron el repertorio de este instrumento Fernando Sor, autor de un Gran método de guitarra, Dionisio Aguado, ambos a caballo entre el siglo XVIII y XIX y, sobre todo, Francisco Tárrega, villarrealense, autor de páginas tan célebres como Recuerdos de la Alhambra y Capricho árabe, así como toda una serie de transcripciones de obras barrocas y clásicas (Bach, Haydn, Mozart). Perdió Tárrega las uñas por una enfermedad, pero creó una nueva técnica para pulsar las cuerdas con las yemas de los dedos, que sigue siendo utilizada como más expresiva y musical que la que emplea las uñas. Entre sus discípulos figuran Miguel Llobet, Daniel Portea y Emilio Pujol.

5.3. MÚSICA RELIGIOSA

José Subirá, en su Historia de la música española, ordenó muy acertadamente la música religiosa decimonónica en tres etapas. Son épocas cuyos límites no pueden señalarse más que aproximadamente. La primera finaliza hacia 1835 y se caracteriza por el respeto a las antiguas tradiciones heredadas del siglo anterior, pero también por un deseo de mayor libertad musical como consecuencia de la influencia del arte escénico. Después de la desamortización de los bienes eclesiásticos de Mendizábal, se inicia la segunda etapa; se habían cerrado conventos y capillas, y el resultado fue una pérdida de tradiciones valiosas y una caída de los estilos religiosos en general. A esto debe añadirse la influencia negativa del Concordato de 1851 que contribuyó al empobrecimiento de las capillas musicales. El Concordato, entre otras decisiones, limitaba el número de intérpretes dé las capillas, recortaba sus atribuciones, amén de exigir su condición de clérigos y no seglares.

La tercera etapa se inicia, en plena decadencia, con los trabajos musicológicos y los estudios históricos de Hilarión Eslava, que continuarían en diversos frentes figuras como Barbieri, el padre Villalba, Vicente Ripollés, Eustaquio de Uriarte, renovador del canto gregoriano, y Felipe Pedrell, fundador de la Capilla Isidoriana de Madrid, y las revistas "Salterio sacro-hispano" y "Música religiosa en España". Estos hombres establecieron un nuevo concepto del arte religioso, volviendo la mirada a los períodos renacentista y barroco, así como contribuyendo a la renovación de la música religiosa española, que alcanza su punto más alto con la publicación del Motu Proprio, de Pío X, en 1903.

Músicos religiosos cuyas obras merecen el recuerdo y la revisión fueron Mariano Rodríguez de Ledesma e Hilarión Eslava, ambos maestros de la Capilla Real de Madrid, Federico Olmeda, que lo fue de la catedral de Burgos, Nicolás Ledesma, organista en Bilbao, y Juan Bautista Guzmán y Salvador Giner, en Valencia.

5.4. MUSICOLOGÍA

Felipe Pedrell es el gran hombre de la musicología española del siglo XIX. Es autor del Cancionero Musical Popular Español, en cuatro volúmenes, que no sólo recoge canciones folklóricas de todas las regiones españolas, con su correspondiente armonización, sino páginas anónimas o de autor conocido de los pasados siglos, desde las Cantigas de Alfonso X el Sabio al Renacimiento español (los vihuelistas, Cabezón), alcanzando la tonadilla del siglo XVIII. Publicó también Pedrell su monumental edición de las obras completas de Tomás Luis dé Victoria, así corno dé la producción para órgano de Antonio de Cabezón.

Sus fundamentos estéticos, que sintetizó en Por Nuestra Música (1891), se basaban en un nacionalismo romántico, procedente de varias fuentes: ía canción popular, la tradición musical española anterior al siglo XVIII y ciertos principios del teatro musical wagneriano. El texto de este opúsculo se halla encabezado por la célebre frase del jesuíta dieciochesco Antonio Eximeno: "Sobre la base del canto nacional debe construir cada pueblo su música". Entre sus discípulos se encuentran Manuel de Falla, Albéniz, Granados, Millet, Amadeo Vives, Eduardo López-Chavarri, etc.

Junto a Pedrell, la musicología española se nutre de obras aisladas: Historia de la música española desde la venida de los fenicios hasta el año de 1850, de Mariano Soriano Fuertes; Lira Sacro Hispana, Museo orgánico español y Breve memoria histórica de los organistas españoles, de Hilarión Eslava; la publicación del Cancionero de Palacio, por Barbieri; o la labor recopiladora de Baltasar Saldoni, en su Diccionario biográfico-bibliográfico de efemérides de músicos españoles.

5.5. ALBÉNIZ Y GRANADOS

El nacionalismo musical español se encuentra representado por las figuras de Isaac Albéniz y Enrique Granados, creadores ambos de una obra original, plenamente innovadora, basada en el folklore, a la que aplicaron las técnicas y el lenguaje musical del postromanticismo, con ciertas influencias del impresionismo. Fue la obra de Albéniz y Granados y, más tarde, la de Falla, la que logró acercar la música española a las corrientes musicales europeas contemporáneas. "Hacer música española con acento universal", frase atribuida a Albéniz, resume las aspiraciones y logros artísticos de estos autores, con quienes la música española sale de la mediocridad de la pequeña pieza de salón para alcanzar verdaderos acentos universales.

Albéniz, niño prodigio del piano y amigo de Liszt, Fauré, Debussy y Thalberg, quienes influyeron decisivamente sobre su estilo, compuso principalmente para el piano, de cuya producción sobresalen la Suite española, colección de ocho números entre los que destacan Sevilla, Asturias, Cádiz, Cataluña y Castilla; Recuerdos del viaje, conjunto de siete piezas de las que es obligado citar su conocida malagueña Rumores de la caleta; y la Suite Iberia, compuesta de cuatro cuadernos, con piezas como Triana, El Puerto, El Corpus en Sevilla, Rondeña, El Albaicín, etc. De su producción orquestal destaca Catalonia, número inicial de una suite que no llegó a terminar, de influencia francesa pero animada por la gracia y el colorido hispánico, evocador, de Albéniz. Su faceta como operista incluye Pepita Jiménez.

Granados, el "Grieg español" como se le llegó a calificar, es en general más poético y refinado que Albéniz; su música, inclinada a la intimidad, se transmite con mayor facilidad. Por contra, su técnica es menos audaz y brillante, lo que supuso que su influencia fuera menor sobre las generaciones siguientes. De su obra para piano sobresalen las Danzas españolas, entre ellas la Oriental y la Andaluza; las Seis piezas sobre cantos populares españoles; los Valses poéticos; las Tonadillas, para voz y piano; y la suite para piano Goyescas, piezas todas que muestran el dominio de las posibilidades técnicas y expresivas del piano por parte de Granados, con un estilo ensoñador, cálido y a veces melancólico, pero siempre profundamente español. Como operista Granados compuso Mª del Carmen y Goyescas.

LECCIÓN QUINTA: DIVERSIDAD DE ESTILOS MUSICALES A FINES DEL SIGLO XIX Y PRINCIPIOS DEL XX (I): EXPRESIONISMO Y NACIONALISMOS

1. DEFINICIÓN DEL TÉRMINO "NACIONALISMO".

El *Diccionario Harvard de música* lo define como la utilización en la música culta de materiales que tienen un carácter identificablemente nacional o regional. Puede tratarse de música auténtica folclórica, y elementos musicales no programáticos tomados del folclore, los mitos o la literatura nacional. Con esta definición se acota un tipo de música escrita a finales del siglo XIX y principios del XX en países europeos (y americanos) considerados musicalmente periféricos. Concepto que descansa sobre el supuesto de la existencia de una tradición culta occidental bien definida, compuesta por la ligazón de elementos germanos, italianos y franceses.

2. EL NACIONALISMO RUSO.

Influida por la iglesia Ortodoxa Oriental, Rusia desarrollo las relaciones con el resto de países europeos lentamente. Hasta el siglo XVIII no fue uno de los poderes fácticos europeos. Tras la influencia de la Ilustración, la francofilia se instaló en este país de tal forma que durante el siglo XIX el francés fue el idioma preferido por las clases educadas. La ópera italiana era conocida y admirada así como los otros tipos de música profana occidental de origen alemán, italiano o francés. Todo esto era patrimonio de una elite cultural afín a modelos extranjeros. La música sacra estaba dominada por el canto monódico bizantino. A pesar de todos estos factores el folclore ruso era rico, variado y muy vivo, siendo una poderosa arma en manos de los músicos para el resurgimiento nacional.

2.1. Primeras manifestaciones: Glinka y Dargomijski

Con las invasiones napoleónicas surgió un movimiento nacionalista que Glinka recogió en sus obras *Una vida por el zar* (1836) y *Russlan* y *Ludmilla* (1842). Durante los primeros años del siglo XIX diversos compositores habían intentado crear una ópera rusa (sólo le habían dado un "color" autóctono). En estas óperas Glinka buscó deliberadamente una identidad cultural.introduce melodías y ritmos folklóricos de diversas fuentes: caucásicas, árabes, persas... y la exuberancia del color orquestal. Renato Di Benedetto considera que junto a todo esto inaugura cierta tradición en la música rusa: el dilentatismo fue entendido como una oposición a una tradición didáctica y profesional ajena y hostil.

Alexander Sergeyevich Dargomijski (1813-1869) muestras rasgos semejantes a Glinka. Otro diletante, interesado únicamente por la música vocal. Otras más relevantes *Russalka* (1856), *El convidado de Piedra* (incoclusa, más tarde finalizada por Cui y Rimski-Korsakov). Adaptación de la obra de Pushkin basada en el tema de Don Juan. Escrita casi totalmente en estilo declamatorio (poética realista de la melodía) a medio camino entre el recitativo y el arioso y con ausencia de formas cerradas. Acompañamiento flexible y claro sabor modal.

2.2 El grupo de "los Cinco"

Con el ascenso al trono del zar Alejandro II hacia mediados del siglo se produjo en Rusia un nuevo periodo de optimismo y desarrollo político y cultural que potenció el sentimiento nacional y ocasionó el florecimiento de las letras (novela), representada por Dostoievski, Turgenev y Tolstoi. La música participó en este impulso cultural con la creación en San Petersburgo del primer Conservatorio de Música en 1861, bajo los auspicios de Antón Rubinstein.

Las reformas políticas (abolición de la servidumbre de la gleba, transformación industrial de la economía en manos del capital extranjero...) y la necesidad de renovación económica y cultural ocasionó entre las clases dirigentes una fuerte oposición entre occidentalistas, partidarios de la renovación a través de la apertura al exterior, y eslavófilos (nacionalistas) que contraponían al modelo tecnológico occidental el modelo ruso fundado en la institución de la comunidad agrícola.

Esta contraposición se reprodujo en el campo de la cultura. Los músicos se dividieron en dos grupos:

- Los filo-occidentalistas: partidarios de una renovación siguiendo los patrones occidentales. A este grupo perteneció Antón Rubinstein, pianista, compositor y director del Conservatorio.

- Los nacionalistas: que deseaban profundizar el camino trazado por Glinka, y cuyo portavoz en el campo de la crítica musical fue Vladimir Stasov (1824-1906). Este influyente ideológico del nacionalismo musical ruso se relacionó con el llamado grupo de "los Cinco".

Grupo que fue organizado y coordinado por Balakirev (1837-1910). Compuesto por cinco diletantes con profesiones diversas: Cui (1835-1918) era ingeniero militar, Borodin (1833-1887) químico y médico, Rimsky-Korsakov (1844-1908) oficial de marina, y Mussorgski (1839-1881) oficial de la armada y anteriormente siervo.

2.3 Piotr Ilyich Tchaikovski (1840-1893)

Fue considerado por sus contemporáneos como el líder de la tendencia filo-occidental. Sin embargo varios de los autores (Plantinga, Di Benedetto) consideran esta vinculación extrema y musicalmente pobre. Fue alumno de Rubestein y graduado por el Conservatorio de San Petersburgo... esta formación académica se refleja en su obra, teñida de un evidente clasicismo (dentro de un estilo romántico imperante). No es un diletante sino un músico profesional. Sin embargo estuvo influido por Balakirev y siempre sintió interés por el folklore de su país (recopila y pública colecciones de canciones populares 1868-1863). Utilizó abundantes melodías folklóricas en sus obras a lo largo de toda su carrera y las fuentes y los temas de sus óperas son tan rusos como los de "los Cinco".

La principal preocupación artística fue la composición de una ópra. Escribió diez, de las cuales sólo *Eugenio Oneguin* (1878) y *La Dama de Picas* (1890) se mantienen en repertorio. Las dos sobre texto de Pushkin.

También se sintió atraído por las danzas de moda y la música de salón, brilla de manera especial en sus tres ballets: El lago de los cisnes (1876), Cascanueces (1892) y La bella durmiente (1889). Entre su obra orquestal destaca: 6 sinfonías, 3 conciertos para piano, y uno para violín. En estas obras muestra su tendencia formalista.

3 EL NACIONALISMO MUSICAL EUROPEO.

En torno a 1830 se produjeron en Centroeuropa movimientos nacionales autónomos protagonizados principalmente por pueblos del sudeste en busca de estados nacionales y democráticos y tomando como base las ideas ilustradas. Durante la segunda mitad del XIX habrá casi tantas escuelas nacionales como naciones. Sin embargo, dotar de color local a una composición escrita según patrones internacionales no es verdadero nacionalismo. Este vendrá dado por el uso de formas adaptadas a las características musicales del país, y por la consecución de rasgos propios derivados de las peculiaridades rítmicas, melódicas, armónicas, etc., de cada zona. Esto así descrito sólo ha sido alcanzado por pocos músicos.

3. 1. CHECOSLOVAQUIA

Durante el siglo XIX se dieron en Bohemia algunos pasos hacia la independencia y la integridad nacional, siendo fallidos todos los intentos de liberarse de la dominación de los Habsburgo. Hasta finales de siglo, una minoría germana dominó esta tierra habitada mayoritariamente por eslavos cuya lengua madre era el checo. En 1918 se creó el estado de Checoslovaquia como producto de la unión de las regiones de Bohemia, Moravia y Eslovaquia. Recientemente esta nación quedó dividida en dos estados: el de Chequia y el de Eslovaquia.

1. Bedrich Smetana (1824-1884)

Fue el primer músico capaz de reflejar los sentimientos nacionales del pueblo bohemio. En 1862 se instaló definitivamente en Praga para contribuir a la creación de una cultura nacional. Los elementos nacionalistas de su obra se hallan presentes en la elección de los temas de sus óperas y música programática, y la fusión de un lenguaje musical básico derivado de Listz con las aportaciones melódicas, armónicas y folclóricas de su país.

Escribió ocho óperas serias con libretos en checo, sobre temas extraídos de la historia y la leyenda bohemias. Destacamos: *Los brandenburgueses en Bohemia* (1863), *Dalibor* (1867) y *Libuse* (1872), que recibieron críticas por parecerse a óperas alemanas. Mejor acogida tuvieron las óperas cómicas: L*a novia vendida* (1866, 2ª versión 1869), *Las dos viudas* (1874), o *El secreto* (1878), especialmente la primera que fue considerada la ópera nacional checa por antonomasia.

Pero fue en la música instrumental donde Smetana dio rienda suelta a su espíritu nacionalista usando el poema sinfónico y su carácter programático para ofrecer una bella pintura de su tierra. Esto quedó de manifiesto en el ciclo épico de seis poemas sinfónicos *Ma Vlast* (Mi patria, una de cuyas partes es *El Moldava*). En este ciclo la influencia de Listz se redujo considerablemente, consiguiendo con esta obra ser el verdadero cantor de su tierra.

2. Dvorák (1.814-1904)

La música de Antonin Dvorák tiene en sus orígenes clara influencia alemana. Si el estilo de Smetana se vincula con el de Listz, el de Dvorák recoge la tendencia más clasicista representada por Mozart, Beethoven y Schubert, relacionándose su estilo con Brahms.

Las fuentes nacionalistas de Dvorák surgen de su conocimiento del folclore bohemio y las zonas colindantes. En sus obras puede encontrarse vestigios de danzas y canciones folclóricas específicas, pero incluso cuando esto no es posible, su presencia impregna el estilo de movimientos enteros de sus composiciones, muchas de las cuales asumen perfiles modales. Hacia el final de su vida se acercó al poema neorromántico de tipo descriptivo.

Entre su abundante producción destacan las D*anzas Eslavas* (1886-1887) para dos pianos; *Rusalka* (1900) entre sus óperas; el *Stabat Mater* (1876-1877) entre sus composiciones corales; igualmente mencionamos sus sinfonías, especialmente en las nº 6 y 8 así como la nº 9 o *Sinfonía del Nuevo Mundo* (1893) con su discutida influencia americana; también escribió canciones y obras de cámara.

3.2. HUNGRÍA

La originalidad de la música húngara había resultado atractiva a los compositores occidentales desde los primeros años del Romanticismo dado el interés que el movimiento tuvo por las manifestaciones folclóricas. El compositor que más ayudó a diseminar esta música por Europa fue Franz Listz a través de sus conocidísimas *Rapsodias Húngaras*. Hubo otros compositores nativos que se sintieron atraídos por un ideal de composición nacional, pero éste no se materializó hasta el siglo XX gracias a la obra de Kodály y Bartók que con sus investigaciones etnomusicológicas llegaron a la verdadera esencia del folclore húngaro, demostrando que todo lo anterior no era sino puro exotismo.

1. Zoltán Kodály (1882-1967)

Desarrolló su interés por la música folclórica húngara antes que Bartók de quien fue amigo y a quien introdujo en su análisis. Así publicó colecciones de canciones y estudios que influyeron luego en su propia labor compositiva.

Una de las obras más importantes de Kodály es el *Cuarteto de cuerda nº1 Op.2* (1909), fuertemente influido por elementos folclóricos que aparecen menos influenciados de lo habitual por los procedimientos compositivos de lenguaje musical contemporáneo. A él siguieron otras obras de cámara, así como composiciones sacras para coro y orquesta en las que desarrolló su idea de que la canción era la base de toda música. Sólo el *Psalmus hungaricus* (1993) y el *Te Deum* (1923). En *Háry János*, ópera de 1926, los elementos o crónicos se enfatizan especialmente.

Además de todo esto, Kodály fue conocido y venerado en su país por sus trabajos orientados a la educación musical, colaboración del famoso "Método Kodály".

2. Bela Bartók (1881-1945)

Como Stravinsky, tiene una importancia musical que desborda los límites de toda clasificación. Fue uno de los grandes compositores del siglo, virtuoso del piano y pedagogo (su *Mikrokosmos* es una colección de 153 piezas de carácter progresivo y a la vez compendio de su estilo). Estudió de forma científica y rigurosa el folclore húngaro y el de toda Europa central, Turquía y norte de Africa. Escribió libros y artículos acerca del folclore, realizó versiónes de melodías populares y utilizó material folclórico en sus composiciones. Junto con Kodály ayudó a establecer los fundamentos de la moderna Etnomusicología.

Como compositor, lo que consiguió con estas investigaciones fue el enriquecimiento de su lenguaje musical. Uso melodías de tipo folclórico que incluían peculiares escalas modales y les proporcionó acertadamente una armonía derivada de la melodía, y con uso frecuente de segundas, cuartas y séptimas. Con ello expresó un deseo común a muchos compositores del siglo XX: ir más allá de la tonalidad sin rechazarla por completo. Igualmente el uso del folclore suponía una estética musical antirromántica, que Bartók compartía con Stravinsky: entender la música como la manifestación de un colectivo antes que como un culto a la personalidad.

Entre sus obras destacan: *Veinte canciones folclóricas húngaras* (1906) para piano y en colaboración con Kodály, *Allegro barbaro* (1911). También destaca la ópera *El castillo de Barba azul* (1911).

4 .ESCANDINAVIA.

Dinamarca, Suecia y Noruega han sido países muy relacionados a través de una cultura y una lengua compartida. Finlandia, ocupada a comienzos de la Edad Media por tribus nómadas de la región magiar del bajo Danubio, hablaba una lengua muy distinta de sus vecinos y estuvo siempre más orientada culturalmente hacia el Este.

Noruega fue anexionada por Suecia en 1814 y bajo su dominio permaneció a lo largo del siglo XIX. Así el sentimiento patriótico condujo al desarrollo del nacionalismo. Tras algunos intentos por definir un lenguaje musical nacional, Edvard Grieg consiguió atraer la atención internacional sobre la música Noruega como Ibsen había conseguido hacerlo con sus obras literarias.

1. Grieg (1843-1907)

Se sintió interesado por la música popular gracias a sus contactos con el joven compositor nacionalista Rikard Nordraak (1842-1866). En 1869 arregló una serie de canciones populares en su Opus 17: *Melodías y Danzas Populares Noruegas.*

En cuanto a las obras de grandes dimensiones destaca la suite orquestal *Peer Gynt*, sobre texto de Ibsen. Los puntos fuertes del estilo de Grieg son la efusión lírica y ciertas audacias armónicas.

Finlandia era una provincia rusa desde 1814 y anteriormente había estado gobernada por Suecia. Así, durante el cambio de siglo, este país se hallaba en el dilema de definir su identidad. El autor que llevó esto a cabo en el campo de la música fue Jean Sibelius (1865-1957).

2. Sibelius (1865-1957)

Escribió al principio de su carrera algunas importantes composiciones programáticas entre las que destacan la famosa *Finlandia*, de 1899. A partir de este año, su composición tomó otros rumbos dedicándose a la sinfonía en un estilo más económico y abstracto. Así compuso siete sinfonías por las que es fundamentalmente conocido. En ellas no se usa el material folclórico de una forma directa, pero sin embargo el tinte nacional de esta música se capta rápidamente. En su obra destaca la importancia del cromatismo, el uso de escalas diatónicas y modales, o el uso de una sola nota como tónica. Armónicamente su música se caracteriza por su ambigüedad con uno uso muy marcado del tritono.

Además de música sinfónica, Sibelius escribió un concierto para violín, canciones, obras corales, piezas para piano, música incidental y obras de cámara.

5. ESPAÑA: BARBIERI, PEDRELL, ALBÉNIZ, GRANADOS Y FALLA.

El declive político y musical que España inició a partir del siglo XVII tocó fondo durante el siglo XIX. Fueron causas de ello la inestabilidad política y el aislamiento respecto al exterior. España se vio fuertemente colonizada por Italia musicalmente hablando, y la corte fue invadida por italianos: Domenico Scarlatti, Luigi Bocherini, el castrato Farinelli... no obstante el siglo XIX fue siglo del auge de la zarzuela tal como hoy la entendemos y su variante, el género chico. Así los compositores advirtieron la falta de personalidad de la música culta española, a pesar de la riquísima herencia del Renacimiento y del folclore autóctono. Recuperar una personalidad perdida fue el objetivo de la hora de **Felipe Pedrell (1841-1922)**, compositor, ensayista y teórico del nacionalismo español. Hoy se le considera como el padre de la musicología española y un gran folclorista que investigó y recopiló profusamente la música popular del país. Sus presupuestos nacionalistas no consiguieron verse adecuadamente traducidos en su obra pero si lo fueron en la de sus tres seguidores principales: Albéniz, Granados y Falla. En el campo de la investigación musical y rescate del patrimonio perdido, también destaca la figura de Francisco Asenjo Barbieri.

Isaac Albéniz (1860-1909) y Enrique Granados (1867-1916), esencialmente pianistas, representan la etapa de asimilación del nacionalismo predicado por Pedrell a través, respectivamente, de la Suite Iberia y de Goyescas. En cuanto a **Manuel de Falla (1876-1946)** representa la madurez del estilo nacionalista español, que adquiere con su obra rango de música universal. Sus composiciones están imbuidas de la música española aunque sabiamente integradas en un estilo musical internacional con personalidad propia, lo que le asegura el puesto del mejor compositor español de comienzos del siglo XX.

6. ESTADOS UNIDOS.

Los años que siguieron a la Primera Guerra Mundial fueron testigos de la aparición de la primera generación de compositores nacidos en este país y completamente profesionales, al tiempo que inconfundiblemente americanos todos ellos estudiaron en Europa, la mayor parte con la francesa Nadia Boulanger que animó a sus alumnos a explotar su propia originalidad no europea. Así se formó una generación de compositores americanos pero con vocación internacional. En la década de los veinte el *jazz* fue introducido como un elemento vernáculo en composiciones como el Concierto para piano de Aaron Copland (1926) o la Rhapsody in Blue (1924) de Gershwing. Tras el crack del 29 y durante la subsiguiente depresión económica (años treinta) los músicos tomaron conciencia de su papel y responsabilidades dentro de la sociedad, lo que les llevó a pensar que la música había de simplificarse para que llegara a un público amplio. Así se llegó a un nacionalismo con fuertes dosis políticas, que se mantuvo hasta finales de la Segunda Guerra Mundial. Participaron del mismo Roy Harris, Samuel Barber, Walter Piston y Aaron Copland, entre otros.

1. George Gershwing (1898-1937)

Se había interesado por la inclusión de procedimientos jazzísticos en algunas de sus obras (*Rhapsody in Blue, An American in París*-1928). Fue un músico que supo forjarse un estilo inconfundible con el que hizo una obra maestra, la ópera *Porgy and Bess* (1935), en la que combinó el espíritu del folclore negro con su experiencia como compositor de canciones comerciales y sus aspiraciones de músico culto.

2. Aaron Copland (1900-1990)

Considerado el compositor más importante de su generación, fue primero el estudiar en París con Nadia Boulanger que ya presintió sus cualidades. Durante la década de los veinte, el jazz se hace patente en su música, pero en los años treinta, empujado por el clima de concienciación social, dio un giro compositivo que apareció totalmente desarrollado por primera vez en *El salón México* (1936), una brillante composición orquestal donde evoca el espíritu de la música popular mejicana. Un estilo más estadounidense aparece en *Billy The Kid* (*Billy el niño*, 1938), *Rodeo* (1942) en *Appalachian Spring* (*Primavera apalache*, 1944), tres ballets donde Copland utilizó elementos folklóricos. También compuso bandas sonoras para películas como *Our Town* (*Nuestra ciudad,* 1940) o *The heiress* (*La heredera,* 1948).

En la década de los 40 volvió a la música puramente abstracta en varias sonatas y su *Tercera Sinfonía* (1946), donde la influencia de Stravinsky es clara. En los 50 comenzó a interesarse por procedimientos dodecafónicos.

7. EL EXPRESIONISMO.

Sí el nacionalismo es una corriente musical que surge en el siglo XIX y se prolonga en el XX con ciertos matices, el expresionismo pertenece a la variedad de estilos que pueden localizarse en Europa a principios del siglo XX con los que se pone de manifiesto el agotamiento cultural del continente. Fue una época de crisis general y cambios muy rápidos que se manifestaron en todas las áreas de la actividad humana y que acabó desembocando en la Primera Guerra Mundial. Por lo que a la música se refiere, en apenas dos décadas convivieron una gran diversidad estilos entre los que identificamos el **expresionismo.**

El expresionismo es una **corriente estética** que abarca a las artes plásticas, la literatura y la música. Con él Europa, sumida en una época de desórdenes y convulsiones político-sociales, intenta superar la crisis en que se hallaba inmersa. Geográficamente es un movimiento fundamentalmente alemán e influido directamente por el derrumbe moral de su sociedad. Podemos identificar dos grupos alemanes se desarrollaron esta tendencia: *Die Brücke* y *Der Blaue Reiter* (*El jinete azul*). En torno a este último se sitúan hacia 1911 pintores como Kandinsky, Oscar Kokoschka y Franz Marc y poetas como Stefan George o Richard Dehmel. Frente al impresionismo que intentaba capturar las sensaciones externas que producía el entorno y los objetos, el expresionismo mira hacia el interior del sujeto intentando captar con su arte los recovecos del inconsciente. Esto conlleva posturas anticonvencionales, opuestas a las normas y a la respetabilidad burguesas, en nombre de la sinceridad de las pasiones y de la violencia de los impulsos primitivos e irracionales. Supone un grito de angustia y dolor, de huida de una realidad que ya no se puede comprender ni controlar y que llevará inevitablemente al desastre de la guerra. La angustia vital lleva aparejada la crítica en forma de sátira y burla, así como una fuerte denuncia social y política. Los lenguajes artísticos distorsiona la realidad: en pintura esto se refleja en el trazo grueso y el color violento; en música la tensión se percibe en forma de disonancia y otros recursos que se tratan a continuación.

7.1. EL EXPRESIONISMO MUSICAL.

El expresionismo musical puede considerarse la réplica alemana a los elementos descriptivistas del impresionismo francés. Su carácter introspectivo supone una cierta vuelta al Romanticismo, aunque de forma diferente. Así rechazará el sentido de la belleza romántico, presente en cierto tipo de melodías, armonías, ritmos, tonalidades, colores y formas, mientras que recogerá el papel otorgado a la expresión interior, el gusto por los efectos violentos, las emociones exacerbadas, lo grotesco y lo macabro, todo lo cual será especialmente patente en los temas elegidos para las composiciones.

En el plano estrictamente musical, partirá de lenguaje cromático de *Tristán e Isolda*. La hiperexpresividad y la tensión máxima se obtendrán con los siguientes recursos:

- Ausencia de formas definidas, con preferencia por las formas líricas breves para voz, orquesta o piano, una vez que el expresionismo rebase los límites de la tonalidad y se convierta en atonal.

- Uso continuo de la disonancia, lo que acrecienta la sensación de tensión, dolor y fatiga.

- Empleo de una melodía a base de saltos amplios, hiperexpresiva y ajena a la lógica de la armonía. En el caso de las melodías vocales, la acentuación de las palabras se distorsionará de forma análoga al otros actores hacían en el teatro con los gestos.

- Los instrumentos se utilizarán en los registros extremos.

La poética expresionista, con su preocupación por mostrar los estados anímicos, hizo de la tonalidad un conjunto de reglas inútiles, pues era insuficiente para mantener la tensión constante que se exigía. La consonancia, en tanto que momento de reposo, quedaba así abolida. De este modo, la música expresionista se vio inevitablemente abocada a la atonalidad.

Los precedentes del expresionismo aparecen en el periodo romántico anterior, en especial en la obra de Mahler, o en las óperas *Salomé* y *Electra* de Richard Strauss, y alcanzó plena dimensión en las obras teatrales de Schoenberg y Alban Berg. Fuera de la música y de Alemania su influjo alcanza a personajes tan dispares como James Joyce, William Faulkner o Tennessee Williams.

7.2. RICHARD STRAUSS (1864-1949).

Este compositor, de tendencia posromántica, fue muy conocido internacionalmente como director de orquesta. Dio un gran salto en su producción musical y su estética con la ópera *Salomé* (1905). Tuvo éxito, pero también provocó el escándalo. Poco después Strauss inició su fructífera colaboración con el poeta Hofmannsthal en la ópera *Electra* (1908). En ella profundizan todos los aspectos dramáticos tocados en *Salomé*: está escrita en un solo acto, con una protagonista devorada por la sed de venganza y marcada por una fuerte sensualidad que se manifiesta el carácter morboso de la relación con sus hermanos. En música destaca la parte gritada de la protagonista con la que colabora la orquesta, creando un clima de alucinación que resultó insoportable para muchos de sus contemporáneos. Estas dos obras parten de argumentos que Strauss consideró como provocadores, llenas de horror, violencia y erotismo, con la consiguiente depravación psicológica de historias y personajes.

Tras estas dos óperas, Strauss comprendió que no podía seguir adelante sin acabar con las bases del sistema tonal. Así comenzó una tendencia involutiva en su ópera que se plasma en *Der Rosenkavalier* (*El caballero de la rosa,* 1911). En ella tiende al placer hedonista simbolizado en el vals vienés, y a la retórica orquestal. A partir de esta obra, Strauss será cada vez más antivanguardista. A partir de *Ariadna en Naxos* (1ª versión en 1912, versión definitiva 1918) tendió hacia el neoclasicismo recuperando elementos de la ópera seria y la ópera bufa italiana, así como el wagnerianismo.

Tras la muerte de Hoffmannsthal, comenzó su colaboración con Stefan Zwig con *La mujer silenciosa* (1935), que fue prohibida a causa del origen judío del libretista. A partir de entonces Strauss se enfrentó al nazismo tras su inicial adhesión. Sin embargo cambio de postura al comprobar el precio de violencia y persecución política y cultural que el nazismo trajo consigo.

7.3. LOS COMPOSITORES EXPRESIONISTAS.

Schoenberg, Berg y Webern son tres maestros cuyas trayectorias son comunes; presentan rasgos de escuela, y la historia se ha encargado de corroborarlo denominándoles Segunda Escuela de Viena.

1. Arnold Schoenberg (1874-1951)

Procede del pasado vienés (Beethoven, Wolf, Brahms, Bruckner, Mahler...) al que suma influencias wagnerianas.

A su primer periodo, que Machlis denomina "romántico poswagneriano", pertenecen obras como *Noche transfigurada, Pelleas und Melisande* o *Gurrelieder* (las dos primeras son obras instrumentales programáticas, y la tercera una cantata con orquesta). En ellas lleva lenguaje romántico a sus límites.

Hacia 1909 comienza su período atonal-expresionista, con las *Tres piezas para piano opus 11.* Este segundo periodo se caracteriza por la condensación expresiva, consecuencia de lenguaje atonal que utiliza y que le lleva al uso de formas líricas breves, reaccionando así contra el posromanticismo y las obras de su primer periodo. Composiciones que perecerá este periodo son:
- *El libro de los jardines colgantes* (1980).
- *Eewartung* (*La espera*, 1909).
- *Cinco piezas para orquesta op. 16* (1909): es una obra clave en su viraje hacia el atonalismo. La estética expresionista subyacente en la producción de este periodo le llevó a poner títulos descriptivos a cada una de las piezas, vinculándolas así a emociones y estados anímicos específicos, pero pronto lo suprimió al considerarlos deudores de la música programática. El estilo de esta obra es puntillista.
- *Pierrot Lunaire* Op. 21 (1912), para recitante femenina y ocho instrumentos, marca un hito, en opinión de Machlis, para la música del siglo XX. Escrita en ritmos libres y compases desiguales.

2. Alban Berg (1885-1935)

Fue el otro gran maestro del expresionismo alemán. Su estilo "humanizó" los procedimientos compositivos de Schoenberg con miradas nostálgicas a Wagner y Mahler. Consecuentemente, su música resulta más accesible que la de Schoenberg y la de Webern.

Berg tenía un gran talento lírico y dramático, lo que hizo de la ópera su elemento. Desarrolló gran interés por el intervalo de cuarta como principio constructivo melódico y armónico. Igualmente empleaba la séptima como fuente de tensión. Entre sus obras expresionistas destaca:

- ***Wozzeck* (1921)**: ópera en tres actos, con cinco escenas cada uno, unidas por medio de interludios orquestales. El argumento entra dentro de la estética expresionista. Narra la historia del soldado Wozzeck a quien su amante Marie (que le es infiel) y su superior, un oficial médico sádico, se encargan de arruinarle la vida. Desesperado, mata a Marie y él mismo muere ahogado al intentar rescatar el cuchillo homicida.
Musicalmente esta obra presentaba al reto de la unidad y de la diferenciación respecto a la tradición. Para ello Berg se alejó de la melodía infinita wagneriana utilizando formas sagradas vinculadas al pasado como sonatas, fantasías, fugas y rondós.
Vocalmente, usó una "melodía hablada" parecida a la de Schoenberg, además de otros estilos, así como pasajes hablados y sincronizados con la música.
Armónicamente la mayor parte de esta obra es atonal, aunque aparecen pasajes tonales y politonales, escalas diatónicas y no-diatónicas, series para unificar la obra, así como el uso del leitmotiv a la manera wagneriana. También usó elementos populares como canciones, que contrastan atractivamente con la modernidad de lenguaje atonal que impregna la obra.
La orquesta se empleaba fundamentalmente en los interludios, y adquiere carácter camerístico en las escenas.

Esta obra fue escrita durante el periodo medio de la vida del compositor, tras escribir una serie de obras tonales de estilo posromántico. Posteriormente sigue los pasos de Schoenberg y empleó métodos seriales y dodecafónicos, aunque la intención expresionista también se hizo patente incluso en composiciones como el *Concierto para violín y orquesta* (1935), y en *Lulú,* ópera que quedó inconclusa a su muerte.

3. Anton Webern (1883-1945)

Alumno de Schoenberg hasta 1908, su obra estuvo influida durante su época de estudiante en Viena por Mahler. Ejerció como director de orquesta y profesor, y aunque recibió ciertos honores, su vida estuvo siempre ligada al círculo íntimo de su familia y unos cuantos amigos. Su carácter esquivo y su vida apartada se traducen en su música en un arte interior, esencial, carente de fácil comunicabilidad para muchos. Su estilo es aforístico e intensamente expresivo, caracterizado por la tensión en la concisa eficacia (*Passacaglia* op. 1 -1908- o los ciclos de lieder sobre textos de Stefan George). Entre sus obras destacan:

- Las *Cinco piezas* op. 5 para cuarteto de cuerda proporcionan junto con las *Seis piezas* op. 6 y las *Cinco piezas* op. 10, las soluciones que Webern dio a la poética expresionista. En las primeras enfatiza el uso de la dinámica con un amplio arco que va desde el *fff* al *ppp* en un tempo muy rápido, y muestra su preocupación por el timbre de la cuerda que queda constantemente modificado mediante el uso de efectos especiales (*col legno, sul ponticello, pizzicati,* uso de armónicos o sordinas).

- Las *Seis piezas* op. 6 (1909) utilizan una orquesta de grandes posibilidades al estilo mahleriano, en la que cobra importancia la sección de la percusión en la que introduce abundantes instrumentos de sonido indeterminado pero utilizados con gran sensibilidad. También utiliza el trombón solista, pero deforma su sonido. Son características la violencia de las disonancias y la preocupación por el color.

- Las *Cinco piezas* op. 10 para violín, violoncello, contrabajo, arpa, armonio, mandolina y guitarra, presentan efectos tímbricos (melodía de timbres) muy abstractos, pudiéndose hablar de un auténtico puntillismo: instrumentos aislados en zonas diversas hacen surgir del silencio notas aisladas.

La guerra supuso para Webern una neta ruptura en su producción. De 1915 a 1926 compuso casi exclusivamente lieder para voz y diversos instrumentos. El punto culminante lo constituyen los **seis lieder (1917-1921)**. En estos lieder se impone la relación polifónica entra la voz y los instrumentos (clarinete piccolo, clarinete, clarinete bajo, violín y violoncello).

LECCIÓN SEXTA: DIVERSIDAD DE ESTILOS MUSICALES A FINALES DEL SIGLO XIX Y PRINCIPIOS DEL XX. (II). EL IMPRESIONISMO

1. INTRODUCCIÓN.

El término Impresionismo procede de la pintura francesa del último cuarto del siglo XIX, cuando una nueva generación de jóvenes pintores (Monet, Manet, Degas, Renoir, Cezanne) se rebeló contra el modo tradicional de representar la naturaleza y el mundo exterior. En 1874, este grupo celebró una exposición de pinturas, entre las que se encontraba Amanecer del sol. Impresión, de Claude Monet. El crítico L. Leroy encontró particularmente estúpido este título, y en el diario satírico Le Charivari, bautizó a todo el grupo con el nombre de "impresionistas". Tal apelativo, en un principio despectivo, agradó a sus miembros, quienes pronto lo convirtieron en su emblema distintivo.

El Impresionismo tiende a la representación inmediata de las impresiones o sensaciones experimentadas por el artista. Trata de captar los objetos del mundo exterior percibidos en un momento dado, su impresión fugaz y no duradera en la mente del pintor o del músico. Representa, por tanto, el triunfo del momento, del instante, frente al valor duradero de las cosas.

En relación con la música -posterior en el tiempo al Impresionismo pictórico-, el Impresionismo es un enfoque de la composición destinado a crear atmósferas e impresiones sensoriales a través de un lenguaje musical que se aparta radicalmente del convencional vigente. Por consiguiente, es una suerte de música programática o descriptiva. Difiere de ésta por el hecho de que no trata de expresar emociones profundas ni de relatar un programa o una historia sino, simplemente, de evocar un clima, una atmósfera sugerente, evocadora e imprecisa, mediante nuevas sonoridades y timbres.

Para lograrlo, se suprimen las armonías tradicionales por otras desusadas o extrañas, como las escalas pentatónicas, modales o exóticas; los sonidos se yuxtaponen, se combinan de modo distinto a través de una nueva amalgama sonora de acordes, timbres y ritmos, y una orquestación basada en el color sensualista; los acordes progresan en movimiento paralelo y conducen a la disonancia, que rara vez se resuelve; no se duda en emplear tonalidades alejadas entre sí, o acordes de séptima y novena sin resolver, carentes de función tonal, que quedan en suspenso, en el aire; la estabilidad tonal se disuelve, desapareciendo las referencias tonales convencionales. No existen ya grados tonales, la tónica pierde su significación, y se roza, a menudo, la atonalidad, acrecentado, todo ello, por un cromatismo acusado.

El Impresionismo rompe con la idea del desarrollo temático clásico; no hay tema que desarrollar. Las composiciones impresionistas abordan una idea, la formulan, y se interrumpen de modo casi súbito. Cada idea supone otra, cada timbre impone una armonía, y viceversa. Son puras impresiones sonoras donde el color y el timbre adquieren tanta importancia como la armonía o la melodía. La música se convierte en insinuación, sugerencia, con un sentido mayor de la improvisación que del desarrollo.

En este nuevo lenguaje, el sonido se constituye en el alma de la música, como el color en el cuadro impresionista. El músico impresionista valora en sonido en sí mismo, como objeto bello, sin ninguna otra finalidad u objeto que alcanzar. Es la estética del placer sensual, de la evocación sugestiva, de la inmediatez, sin mayor compromiso que la belleza inherente a tales sonidos. El oyente de esta música se ve privado de las referencias tonales convencionales; su atención no está ya guiada por la convergencia hacia un fin. Ha de dejarse llevar, sin saber dónde, y entregarse totalmente a la acción mágica y envolvente de los sonidos.

2. CLAUDE DEBUSSY (1862-1918)

Una gran parte de los rasgos estilísticos que acabamos de citar como propios del Impresionismo, se hallan reunidos en la obra de Claude Debussy, quien fuera reconocido como el auténtico jefe de esta escuela, y uno de los compositores franceses más ilustres y con mayor influencia en la primera mitad del siglo XX. Uno de los aspectos de su estilo -un aspecto que a veces se ha exagerado demasiado- se resume en el término Impresionismo. Sus principales obras para orquesta son las siguientes:

-Nocturnos orquestales, en tres movimientos, con los títulos Fiestas, Sirenas, y Nubes.

-El Preludio a la siesta de un fauno (1894), pieza incidental basada en un poema de Stéphane Maliarmé.

-Imágenes orquestales, evocadoras de tres países: Gigues (Inglaterra), Iberia (España) y Rondas de Primavera (Francia).

-La Mer (1905), en tres movimientos: Obertura (Desde la puesta del sol a mediodía en el mar), Scherzo (Juego de olas), y Diálogo del viento y del mar.

La orquestación de Debussy se ajusta admirablemente a sus ideas musicales. Exige una gran orquesta, pero el músico rara vez la utiliza para obtener una fuerte sonoridad. Las cuerdas a menudo están divididas y asordinadas. Las arpas añaden un toque distintivo; entre los instrumentos de viento, la flauta (sobre todo en el registro grave), el oboe y el corno inglés intervienen en solos; trompas y trompetas, asimismo con sordina, a menudo se oyen en breves pasajes en pianissimo; otra fuente de colorido son los instrumentos de percusión de variados tipos: timbales, tambores, bombo, platillos, tam-tams, xilófono, etc.

La música pianística de Debussy, junto con la de Ravel, constituye el añadido más importante efectuado a la literatura de este instrumento, a comienzos del siglo XX. La estructura de los acordes, a menudo, resulta velada por la abundancia de figuraciones y por la mezcla de sonidos mediante el empleo del pedal de resonancia. Sus principales obras pianísticas impresionistas aparecen en colecciones: Estampes, dos libros de Images, y dos libros de Préludes.

2.1. INFLUENCIAS

Diversas influencias tempranas contribuyeron a la formación del estilo de Debussy. Entre los antecedentes inmediatos se incluyen a César Frank, Saint-Saéns y Emmanuel Chabrier; pero es probable que los pintores y poetas contemporáneos ocupasen también los pensamientos de Debussy. Su admiración inicial por Wagner, tras un primer contacto con Tristán, en Bayreuth, se vio acompañada, poco después, por una reacción contra la grandilocuente retórica del alemán y sus tentativas de exponer filosofía en la música. La música rusa, en especial Boris Godunov y las canciones de Mussorgsky, revelaron a Debussy posibilidades de orientaciones nuevas en el tratamiento modal de la música; igual que su visita a Solesmes, donde tomó contacto con el canto gregoriano. Ya hemos mencionado la influencia de Grieg. Después de 1900, se destaca, asimismo, la de Ravel, especialmente en su música para piano. Una nueva influencia, la de la música oriental, surgió tras la audición de la orquesta javanesa, en la Exposición Universal de París, en 1889. El color local español, inspirado en parte por España, de Chabrier, y la Habanera, de Ravel, es evidente en algunas de sus piezas para piano y en el movimiento Iberia de las Imágenes orquestales.

Precedentes de algunos de los rasgos técnicos del estilo impresionista existían en las obras de Chopín y de Liszt. De la tradición francesa, Debussy heredó su fina sensibilidad, su gusto aristocrático y su concepción antirromántica de la función de la música; además, en sus últimas obras regresó con renovada convicción a la herencia de Couperin y Rameau.

Los cambios introducidos por Debussy, sobre todo en el sistema armónico, le convirtieron en uno de los grandes autores de la historia de la música. Nombrar a los compositores que, en un momento u otro, cayeron bajo su influencia, sería mencionar a casi todos los músicos importantes de comienzos y mediados del siglo XX. Una lista semejante, además de Ravel, Messiaen y todos los restantes de nacionalidad francesa, incluiría a Scriabin, Reger, Strauss, Falla, Puccini, Berg, Stravinsky, Orff, Webern, Bartok, así como a otros en cuya música los métodos del Impresionismo fueron más destacados, tales como el norteamericano Charles Martin Loeffer, Ernest Bloch, Charles Griffes, el polaco Szymanowsky, el inglés Arnold Bax, y el italiano Ottorino Respigui, entre otros.

3. ERIK SATIE

El movimiento antiimpresionista en Francia se vio encabezado, en el aspecto literario y teatral, por Jean Cocteau, y en el musical, por el genio excéntrico de Erik Satie. Algunas de sus primeras piezas para piano (Zarabandas, Gnosiennes, Gymnopédies), se anticiparon al uso de acordes sin resolución ya las armonías casi modales del Impresionismo, con una textura ostentosamente sencilla. De hecho, mucho antes que Debussy, Satie ya escribía acordes en movimiento paralelo sustentados en cuartas perfectas.

Sus obras pianísticas compuestas entre 1900 y 1915 se especializaron en la caricatura, que asumía la forma exterior de títulos surrealistas: Piezas frías, Embriones disecados, Tres piezas en forma de pera, y otros similares, con un comentario paralelo e indicaciones para el ejecutante en el mismo estilo: pianissimo con escaso aliento, con mucha dificultad, etc; algunos satirizaban los títulos impresionistas de Debussy. Pero el espíritu cómico vive asimismo en la propia música, anotada sin barras de compás, sobria, seca, repetitiva, breve, monótona, ingeniosa en sumo grado.

Entre las obras de Satie escritas para otros medios diferentes al piano se hallan su ballet realista Parade (1917), con libreto de Cocteau y decorados y trajes de Picasso, puesto en escena por los ballets rusos de Diaguilev; y el "drama sinfónico" Sócrates (1920), caracterizado por la monotonía de su estilo y por la evitación de apelar directamente a los sentimientos. El espíritu mordaz y antisentimental de Satie, sus económicas texturas y la severidad de su armonía y su melodía dejaron sentir su influencia en Francia en la música de Milhaud y, en menor grado, en la de Honegger, Poulenc y otros.

4. MAURICE RAVEL

Obras de Ravel, como la Pavana para una infanta difunta, la Habanera, o Le Tombeau de Couperin, entre otras, nos dan un indicio del modo en que su música difirió de la de Debussy. Aunque Ravel adoptó parte de la técnica impresionista, ésta jamás prevaleció sobre su estilo, basado en contornos melódicos claros, los ritmos nítidos y las estructuras firmes del Clasicismo. Además, sus armonías, aunque complejas y refinadas, son funcionales.

Sus obras pianísticas más marcadamente impresionistas son Jeux d'eau, las cinco piezas tituladas Miroirs (1905), y las tres denominadas Gaspard de la nuit. También son impresionistas, hasta cierto punto, la suite orquestal Rapsodia española y el ballet Daphnis et Chloe.,

De igual modo que Debussy, Ravel fue un excelente instrumentador, y realizó versiones orquestales de varias de sus piezas para piano. También supo absorber ideas de todos los estilos, adaptándolas a su propio uso con gran seguridad, como la que revela al adaptar el Impresionismo. Utilizó ritmos de vals vieneses en La Valse; elementos de jazz en su Concierto para piano para la mano izquierda; y cantos y ritmos de origen español en la Rapsodia y en su famoso Bolero, una de las obras más populares de toda la historia de la música. Una de sus páginas más encantadoras es Mi madre la oca, serie de cinco pequeños dúos pianísticos, música infantil comparable a las canciones El cuarto de los niños, de Mussorgsky, y The Children's Córner, de Debussy.

Entre las canciones de Ravel hay muchas versiones de melodías populares de diversos países; sus piezas originales de importancia son las cinco caracterizaciones humorísticas de la vida animal Historias naturales, y Canciones de Madagascar.

5. EL IMPRESIONISMO EN EL RESTO DE EUROPA

5.1.   <u>FRANCIA</u>: Paul Dukas pertenece a la línea Franck-d'Indy. Su obra más popular fue El aprendiz de brujo, poema sinfónico parecido a los de Franck y Saint-Saéns. Su única ópera, Aríadna y Barba Azul, fue una tentativa seria, aunque tardía, de combinar el drama sinfónico de Wagner y d'Indy, con algunos rasgos inspirados de la música de Debussy. Florent Schmitt, el único compositor francés de este período que parece haber tenido cierta afinidad con el postromanticismo centroeuropeo, se destaca por el poema sinfónico La tragedia de Salomé. Un compositor cuya significación se extiende más allá de la primera década del siglo XX es Albert Roussel, que estudió en la Schola Cantorum con d'Indy. En sus tres Evocaciones sinfónicas, y en su ópera-ballet Padmavatí, llevó a nuevas alturas el tratamiento musical de temas exóticos; en ambas obras se describen escenas e impresiones de la India, y en ellas se utilizan escalas hindúes. Las obras ulteriores de Roussel muestran la tendencia contemporánea hacia el Neoclasicismo.

5.2.   <u>RUSIA</u>: Alexander Scriabin, bajo la influencia del cromatismo de Liszt y Wagner y de los métodos del Impresionismo, desarrolló un complejo y original lenguaje armónico de carácter personal. La evolución de este lenguaje puede seguirse a lo largo de sus diez sonatas para piano, de las cuales, las últimas cinco, compuestas en 1912-13, prescinden de la armadura y alcanzan una vaguedad armónica que llega al atonalismo. En la música de Scriabin, las estructuras tonales tradicionales se ven reemplazadas por un sistema de acordes construido sobre intervalos desusados, preferentemente, cuartas con alteraciones cromáticas. Las armonías tradicionales se ven disueltas en una corriente de sonidos extraños, coloristas, sensuales. Sus principales obras orquestales incluyen el Poema del éxtasis y Prometeo.

Algunos rasgos impresionistas se observan en las obras tempranas de Igor Stravinsky, como las oberturas orquestales El rey de las estrellas y Fuegos artificiales, o el ballet El pájaro de fuego. En ellas, la sensualidad sonora y el lenguaje armónico de corte impresionista, se unen a una orquestación brillante y colorista, heredada de Rimsky-Korsakov.

5.3. <u>ITALIA:</u> Pianista, compositor y gran director de orquesta, Ottorino Respigui supo recoger en su obra los logros de las últimas experiencias musicales europeas, para fundirlos con temas populares y procedimientos inspirados en la música barroca instrumental italiana. La popularidad de Respigui descansa sobre un pequeño grupo de piezas orquestales, como Las fuentes de Roma, Los pinos de Roma, Fiestas en Roma, Concierto en modo mixolidio, etc., aunque la mayor parte de su producción se nutre de óperas, más de una docena, con mediano éxito.

5.4. <u>ESPAÑA:</u> La obra pianística, y aun orquestal, de Enrique Granados e Isaac Albéniz recurre, con frecuencia, al color y las armonías sensuales del Impresionismo, tanto como la de Manuel de Falla, en piezas como Tres melodías para voz y piano, El sombrero de tres picos y, sobre todo, los tres nocturnos para piano y orquesta titulados Noches en los jardines de España, donde se combinan por igual un lenguaje armónico y orquestación impresionistas, con melodías y ritmos de raigambre hispánica.

LECCIÓN SÉPTIMA: DODECAFONISMO. DENOMINACIÓN Y CONCEPTO

1. SHÖENBERG

Los años comprendidos entre 1915 y 1923 transcurrieron sin que Schöenberg abordase ninguna obra nueva. Tras sus primeras experiencias atonales de años anteriores, trataba de encontrar un método serio y riguroso de composición no tonal que excluyera toda posibilidad de referencias tonales en el curso de una composición. Por fin, en 1923 Schöenberg formuló el principio del Dodecafonismo, un "método de componer con doce sonidos sólo relacionados entre sí".

Sus últimas composiciones atonales fueron Pierrot Lunaire op. 21 y las cuatro canciones orquestales op. 22, escritas ambas antes de la Primera Guerra Mundial. En 1923 las cinco piezas para piano op. 23 y la serenata op. 2-4 contienen pasajes dodecafónicos. A partir de la suite para piano op. 25 y el quinteto para instrumentos de viento op. 26, las obras de Schónberg se basan totalmente en el método dodecafónico.

La denominación de dodecafonismo fue debida a Rene Leibowitz, padre, junto con Messiaen, del serialismo integral, quien, a través de sus enseñanzas, publicaciones y conciertos, introdujo a toda una generación de compositores en la técnica dodecafónica. Debemos señalar que el dodecafonismo no implica necesariamente atonalidad, como, de igual forma, una obra atonal puede o no basarse en el método dodecafónico (la atonalidad practicada por Schöenberg hasta aquel momento no implicaba serialización dodecafónica). Tampoco debe confundirse el dodecafonismo con el serialismo, a pesar de que muchas veces se empleen como conceptos sinónimos, el dodecafonismo sólo serializa los doce sonidos de la gama cromática temperada, mientras que el serialismo, especialmente el serialismo integral, puede aplicarse a otros sonidos (por ejemplo, una escala de ciertos de tono), o a otros parámetros musicales (altura, duración, intensidad, etc).

Los puntos esenciales de la teoría de la técnica dodecafónica son los siguientes: la base de toda composición es la serie concepto acuñado por Joseph Matthias Hauer-, la cual consta de los doce sonidos de la octava dispuestos por el compositor en un orden que permanecerá inalterado a lo largo de la composición, de suerte que se consigue evitar la primacía de un grado de la escala sobre cualquier otro, puesto que todos intervienen igual número de veces y en el mismo orden.

En contra lo que pudiera parecer, la cantidad de música que puede escribirse con este sistema es prácticamente infinita. Con doce sonidos, mediante combinaciones matemáticas, pueden efectuarse cerca de quinientos millones de series distintas. "Además, los sonidos de la serie pueden utilizarse tanto de manera sucesiva (como una línea melódica),simultánea (como armonía o contrapunto), o combinando ambos aspectos; la serie básica puede comenzar sobre cualquier grado de la escala cada vez que vuelve a escucharse de nuevo; los sonidos pueden aparecer en cualquier octava y con cualquier ritmo que se desee; la serie también puede utilizarse en sus formas invertida, retrógrada o retrógrada invertida y en transposición de cualquiera de las cuatro formas; incluso los sonidos de la serie pueden repetirse siempre y cuando se considere un efecto de adorno –trémolo, trino etc-el compositor agota las notas de la serie antes de proceder a usar de nuevo la serie en cualquiera de sus formas.

Schöenberg recurrió al dodecafonismo en la mayor parte de las obras que escribió después de llegar a los Estados Unidos en 1933, sobre todo en su concierto para violín y el cuarteto n° 4 una composición anterior fue la ópera inconclusa Moisés y Aarón, con libreto del propio músico y basada en una única serie de sonidos; Schónberg llegó a los dos primeros actos de los tres de que consta. Obras posteriores fueron la suite para orquesta de cuerdas en estilo antiguo (tonal) (1934), el concierto para piano (1942), y la oda a Napoleón (también de 1942) (en estas dos últimas piezas Schöenberg intentó conjugar el sistema dodecafónico con la tonalidad ortodoxa).

2.   LA ESCUELA DE VIENA

El período comprendido entre 1903 y 1911 es el más importante en la actividad didáctica de Schöenberg en Viena. Son los años en los que se formó en torno a su persona la denominada Escuela de Viena, no sólo con Alban Berg y Antón Webern, sino con un número importante de alumnos, entre los que podemos recordar a Erwin Stein. Jalowetz, y Karl Horwitz. No obstante, debido a la enorme significación de los dos primeros en la evolución de la música durante la primera mitad del siglo XX, y en virtud de su vinculación más estrecha con Schöenberg, suelen agruparse únicamente junto a éste bajo la denominación de Escuela de Viena, la Escuela del Dodecafonismo.

No es frecuente encontrar en la historia del arte y de la música en particular una cohesión tan estrecha unida a una independencia y aún divergencia de caracteres como la de Schöenberg, Berg y Webern. La relación establecida entre los dos discípulos y el maestro puede definirse de la siguiente forma: ambos le guardaron una fidelidad inquebrantable, tanto en el terreno humano como en el estético y musical, pese a la total independencia respecto al modo en que siguieron sus enseñanzas y extrajeron sus propias conclusiones; y por último, un muy extraño aspecto complementario de ambas personalidades.

2.1.   ALBAN BERG.

Alban Berg (1885-1935) adoptó la mayor parte de los métodos constructivos de su maestro, aunque los utilizó con libertad y a menudo escogió series de sonidos que permitían acordes de sonoridad tonal, lo que es aplicable también a sus progresiones armónicas. Además, Berg invistió a la técnica con tal calidez de sentimiento romántico -es notable la influencia que ejercieron sobre su estilo la sexta y la novena sinfonías de Mahler-, que su música es más lírica y expresiva, y sobre todo más fácilmente accesible que la del resto de los miembros de esta escuela.

En la obra de Berg podemos distinguir dos períodos cuyo enlace se sitúa en suite lírica para cuarteto de cuerdas (1926).

El primer período se caracteriza por la explotación libre del atonalismo expresivo. La obra principal del mismo es la ópera Wozzeck, escrita entre 1914 y 1921, en la que Berg sintetiza los logros musicales de sus obras más tempranas, expandiéndolos enormemente. Wozzeck es un magnífico ejemplo de ópera expresionista, así como un impresionante documento histórico. El libreto, confeccionado por Berg a partir de fragmentos de un drama de Georg Büchner presenta al soldado Wozzeck, desventurada víctima de su medio ambiente, despreciado, traicionado en el amor e impulsado finalmente al asesinato y al suicidio. La música es continua a través de cada uno de los tres actos y sus escenas cambiantes (cinco por acto), se ven enlazadas mediante interludios orquestales, como en Pelléas, de Debussy. La música de Berg se ve unificada mediante el empleo de algunos leitmotivs, pero sobre todo porque se organiza según formas cerradas adaptadas de la música clásica: suite, rapsodia, canción, marcha, rondó, sinfonía, variaciones, etc.

En Wozzeck, Berg emplea distintas técnicas musicales: en las partes vocales alternan flexiblemente la voz hablada común, el canto lírico y el sprechsgesang (canto hablado); Berg combina la escritura diatónica con la más intensa atonalidad, el contrapunto camerístico con la orquestación de estilo impresionista, el movimiento apresurado y complejo con el estatismo. Hay también pasajes de realismo musical aplicado con fines expresionistas: coro de ronquidos, efecto del gorgoteo del agua, una orquesta de taberna con un piano desafinado que caricaturiza un motivo del vals del caballero de la rosa, de R. Strauss, etc.

En el segundo período Berg empleó el método serial de Schöenberg. Sus obras principales son la cantata del vino (sobre textos de Baudelaire), la ópera inconclusa lulú, y el concierto para violín y orquesta.

Lulú es una ópera más abstracta y compleja, igualmente expresionista, y con mayor simbolismo que Wozzeck; su música está organizada de una manera más estricta en cuanto a sus líneas dodecafónicas; no obstante, no carece de algunas implicaciones tonales.

Su libreto, sobre textos de Franz Wedeking, presenta como idea central la mujer como seductora irresistible, que perece por los mismos deseos violentos que suscita entre los demás. Lulú es un terrible buceo a través de los impulsos más elementales del subconsciente humano: sus personajes, aislados, impotentes, en manos de fuerzas que no comprenden, y en irritada rebelión contra el orden establecido, se dejan llevar por sus deseos más ocultos, presos de un destino inevitable.

Musicálmente, esta ópera puede considerarse la culminación de la obra artística de Berg: la expresividad, la síntesis de estilos, el virtuosismo vocal y orquestal son sus características principales. Toda la obra se origina de una única serie, cuyas intrínsecas transformaciones dan lugar a la música de la composición; y cada transformación tiene su particular tratamiento, su carácter y su ámbito expresivo. De la misma forma que Berg extrajo de Wozzeck una serie de piezas destinadas al concierto, a partir de Lulú compuso una sinfonía Lulú para soprano y orquesta (1934).

El tercer acto de esta ópera quedó inconcluso debido a la súbita muerte de Berg en 1935 a causa de una septicemia. No obstante, se contaba con parte de la partitura orquestada y numerosas indicaciones relativas a su instrumentación. Con todo ello, después de una labor paciente y admirable, el compositor y director de orquesta Friedrich Cehra terminó la obra, que puede juzgarse definitivamente concluida. La versión completa en tres actos fue estrenada en París bajo la dirección de Pierre Ovules (1979)

El concierto para violín, subtitulado "A la memoria de un ángel" (el ángel es Manon Gropius, hija del segundo matrimonio de Alma Mahler, fallecida a los dieciocho años), fue estrenado en Barcelona en 1936. Tanto esta pieza como la suite lírica son típicas de la tendencia constante de Berg a mostrar la vinculación entre el estilo nuevo y el del pasado, tanto la suite como el concierto están escritos parcialmente según el método dodecafónico; en ambos se despliegan el genio inventivo de Berg y su fácil dominio de la técnica contrapuntística. La serie básica del concierto está pensada de tal suerte que las combinaciones tonales se tornan prácticamente inevitables. De hecho, uno de los rasgos sobresalientes de esta obra es la inclusión entre pasajes dodecafónicos de un coral de Bach y varias danzas populares austríacas.

2.2.   ANTON WEBERN.

Si Berg representa el potencial romántico de las enseñanzas de Schónberg, otro famoso discípulo de este último, Antón Webern (1883-1945), simboliza el potencial clásico: la atonalidad sin romanticismo. Webern no escribió ópera alguna, y jamás utilizó el recurso de la Sprechtimme, los principios que gobiernan su obra son la economía y la concentración extrema. En su estilo maduro, cada composición se desarrolla gracias al contrapunto imitativo (a menudo estrictamente canónico); Webern emplea procedimientos tales como la inversión y los desplazamientos rítmicos, pero evita las secuencias, las repeticiones y, sobre todo, el desarrollo motívico, que sustituye por el trabajo de motivos muy breves. Las melodías de Webern suelen comprender intervalos como (séptimas mayores o novenas menores que excluyen las implicaciones tonales. Las texturas están despojadas de casi todo hasta sólo conservar lo más escuetamente esencial; los esquemas rítmicos son complejos y a menudo se basan en divisiones binarias y ternarias simultáneas de todo el compás o de parte de mismo, y el sonido, con toda su sutil gradación dinámica, rara vez asciende por encima del forte (sin duda hay fortes en Webern, pero en evidente minoría frente a pianos y pianísimos, algunas de cuyas indicaciones afectan solamente a dos o tres notas).

Breves, concisas, desvinculadas de cualquier forma clásica tradicional, las obras de Webern llevan al máximo la desintegración de los parámetros musicales: la melodía, la armonía, el ritmo y el timbre. Una línea melódica puede verse distribuida entre diversos instrumentos un poco a la manera del hoquetus medieval, de suerte que a veces sólo habrán de oírse en un mismo timbre uno o dos sonidos sucesivos (rara vez más de cuatro o cinco). Esta técnica se denomina melodía de timbres, ya estudiada por Schónberg en su tratado de armonía y aplicada en sus piezas para piano op. 16. Webern haría de ella un empleo particularmente notable en la sinfonía op. 21, el resultado es una textura formada por chispas y destellos sonoros que se mezclan en un equilibrio tímbrico único. Un buen ejemplo de esta clase de orquestación, aplicada a un tipo de música más conocido, es el arreglo realizado por Webern del Ricercare de la ofrenda musical, de Bach. Los efectos especiales -pizzicato, armónicos, trémolo, sordina y otros similares- son comunes a toda la música de Webern. Su sensibilidad para el color y la claridad instrumental a menudo lo impulsan a escoger combinaciones instrumentales desusadas, como ocurre en el cuarteto op. 22

para violín, clarinete, saxofón tenor y piano, o en las tres canciones op. 18 para soprano, clarinete en mi bemol y guitarra.

Resulta lógico que, en un estilo de tal concentración, las composiciones hayan de ser extremadamente breves. Un ejemplo de ello lo constituyen las seis bagatelas para cuarteto de cuerda, op. 9, o las cinco piezas para orquesta, op. 10, cuya duración media por movimiento es de alrededor de cuarenta segundos; pero aún obras "más amplias*, como la sinfonía op. 21 y el cuarteto para cuerda op. 28, sólo toman un tiempo de ejecución de ocho o nueve minutos, hasta tal punto se halla concentrado su lenguaje. Esta concentración, así como el uso destacado, en general, de la disonancia y la complejidad armónica, convierten a la música de Webern en de una dificultad de audición mayor que la de los demás miembros de la Escuela de Viena, o muchos otros compositores del siglo XX.

En su evolución, Webern, al igual que Schónberg, atravesó por las etapas del cromatismo postromántico, la atonalidad libre y la organización mediante series de notas; este último período se inició con las tres canciones op. 17, de 1924, con pocas excepciones, sus obras están escritas en estilo de música de cámara, y se dividen en proporciones aproximadamente iguales entre composiciones instrumentales y vocales. Sus principales piezas instrumentales son la sinfonía op. 21, el cuarteto para cuerda op. 28, el concierto para nueve instrumentos op. 24 y las variaciones para piano op. 27 para voces. Webern escribió numerosas series de canciones para solistas -algunas con piano, otras con diferentes conjuntos instrumentales-, así como algunas piezas corales (Huid sobre ligeras barcas, op. 2) y dos cantatas para solistas, coro y orquesta. Estas cantatas, así como las variaciones para orquesta op. 30 (1940), están compuestas en un estilo un tanto más relajado y expresivo que las obras anteriores de Webern; en ellas aplicó la técnica serial, aunque incluyó las texturas "homófona y contrapuntística.

La producción de Webern fue pequeña: sus obras completas (salvo su temprana música, recientemente descubierta) se han grabado en ocho discos de larga duración. Aunque sus logros apenas obtuvieron éxito alguno en vida, el reconocimiento de su obra creció constantemente durante los años posteriores a la Segunda Guerra Mundial y su música fue el origen de importantes desarrollos nuevos en Italia, Alemania, Francia y Estados Unidos.

LECCIÓN OCTAVA: LAS VANGUARDIAS HISTÓRICAS

1. INTRODUCCIÓN

Entendemos por música de vanguardia en el siglo XX, toda aquélla que se ha desligado por completo, o casi por completo, de los instrumentos y formas de composición tradicionales, aún vigentes en gran número de compositores, tales como Stravinsky o Schonberg, que de esta manera no denominaremos vanguardistas. El movimiento vanguardista de mediados del siglo XX, simbolizado por la música electrónica y el serialismo integral, presenta una serie de antecedentes que arrancan desde principios de siglo:

-Por un lado, en Italia, los movimientos futuristas, precedidos por la obra de Ferruccio Busoni, quienes introducen el ruido como componente artístico.

-La influencia del Dadaísmo, por lo que representa de arte anticonvencional y extravagante, precursor de las corrientes aleatorias e indeterminadas de los años 60.

-Por último, en EEUU, la denominada corriente experimentalista, cuyos exponentes máximos fueron Charles Ives, Henry Cowell y Edgard Varése, los cuales anticiparon toda una serie de ideas y procedimientos respecto al sonido y la composición, que sólo serán llevadas a la práctica treinta años después.

2. FERRUCCIO BUSONI (1866-1924)

Compositor y pianista, la música de Busoni despertó vivas polémicas por su armónica combinación de elementos clásicos y revolucionarios, Sus ideas teóricas se basaban en dos aspectos esenciales: la necesidad de partir de una profunda comprensión de la obra de los clásicos (Bach y Mozart principalmente) y la búsqueda de nuevos caminos expresivos para la música contemporánea, En 1907, Busoni publicaba sus propuestas para una nueva estética musical en su famoso Boceto, en el que afirma rotundamente la libertad del arte musical, a la vez que observa ya agotadas las posibilidades de la tonalidad tradicional. El tercio de tono, dijo una vez, llama a la puerta, pero nosotros seguimos empeñados en no prestarle atención. En su manifiesto, la música debía verse libre del respeto a la notación, de las convenciones rítmicas y tonales, de la técnica de interpretación, del sistema de escalas, y de todo aquello que representara un orden establecido. También Busoni consideró insuficiente el conjunto de instrumentos en uso y propuso el empleo de nuevas "máquinas sonoras", pese a que no deseche los instrumentos clásicos, por falta hasta entonces de otros que fueran capaces de reemplazarlos.

Busoni comenzó a componer mostrando una afinidad con el Romanticismo tardío de Liszt, para llegar después al límite de la tonalidad, que rebasa desde su Segunda sinfonía. Dejó una ópera inconclusa, Ooktor Faust. Entre sus obras más destacadas sobresalen Fantasía india para piano y orquesta, y Fantasía contrapuntística.

3. FUTURISMO

El futurismo, como corriente artística, constituyó el primer movimiento de vanguardia europeo por su contenido ideológico y su rechazo a la cultura establecida, al que se vieron vinculados toda una serie de artistas, poetas, pintores, músicos, etc. de; tendencias anticonvencionales, y hasta cierto punto, extravagantes. El Manifiesto Futurista, de 1910, recoge el pensamiento del movimiento: El futurismo nace como estilo anticlásico, que opone a las cualidades de equilibrio y orden las de contraste y disonancia, como características primordiales. Su fin, expresar la vorágine de la vida moderna, devolver al arte su conexión con el presente, con el mundo de la técnica. la velocidad, las máquinas, y las grandes ciudades. Su carácter político se expresa a través de su pretensión revolucionaria de arrasar con todo lo establecido, bajo un instinto antiburgués en el que latía una conciencia belicista, en muchos casos emparentada con el fascismo.

El principal representante del futurismo musical fue, sin duda, Luigi Russolo (1887-1947). Compositor y pintor italiano, publicó en 1913 el Manifiesto del arte de los ruidos, y en 1916 el Arte de los ruidos, en los que exponía toda una nueva filosofía de la música. Russolo sostiene que la música debla superar el campo limitado de los sonidos para apropiarse de los inagotables recursos del ruido, en los cuales, afirmaba, el compositor futurista encontraría la respuesta a su necesidad de innovación. Dividió los ruidos en seis familias: zumbidos, silbidos, susurros, chirridos, percusiones, y gritos de animales y de hombres, así como construyó toda una suerte de artilugios eléctricos que denominó Intonarumori (entona ruidos), con los que compuso obras tales como El despertar de la ciudad, Conversación del automóvil y del aeroplano, o Combate en el oasis, entre otras. Más tarde, perfeccionó estos primitivos instrumentos, y en 1924 creó el rumorarmonio, que despertó un gran interés en Honegger y Varése. Otro compositor italiano, Francesco Balilla, defendió de manera entusiasta la inclusión en la composición musical del ruido de la técnica y la industria.La importancia del futurismo en la ampliación del lenguaje musical con la introducción del ruido, con lo que se borraron sus diferencias con respecto al sonido. Ahora el compositor podía valerse de un universo ilimitado de ruidos, incluso tomados de la vida real o la naturaleza, e incorporarlos a la creaci6n musical. En tal sentido, la influencia del futurismo en los movimientos posteriores de música concreta y electrónica es indudable.

Además, gran parte de la música de entreguerras utilizó los hallazgos del futurismo en su aspecto experimental, y fueron numerosos los compositores que se inspiraron en el culto por las máquinas, la velocidad, y la tecnología, entre otros Honegger, Hindemith, Prokofiev, e incluso Bartok. Pero quien se mantuvo más próximo a estos ideales fue Varése, por sus investigaciones Acústicas y la constante búsqueda de nuevos timbres alejados de los Instrumentos convencionales.

4. DADAÍSMO

Directamente relacionado con el futurismo y contemporáneo suyo, el movimiento conocido como Dadá surgió como negación del arte tradicional, rehabilitando el azar, lo absurdo y la extravagancia como premisas esenciales. Nacido coetáneamente hacia 1916 en Zurich y Nueva York, los presupuestos del dadaísmo se extendieron por gran parte de Europa, influyendo decisivamente sobre la vanguardias artísticas de la época. El dadaísmo posee una actitud destructiva con respecto a los valores establecidos: la cultura, la patria, la religión, y pretende comenzar la historia desde su propia realidad, desde su propia historia. Dadá no pretende nada, no aspira a ninguna solución, a ninguna respuesta. Para defender sus ideales recurren a procedimientos tales como el insulto y la práctica continua del escándalo. Contrario a la actividad artística, Dadá no obedece a norma alguna, respondiendo únicamente a la subversión irracionalista, al propósito de escandalizar al público burgués con su inconformismo nihilista, lo que transcurrido el tiempo, debido a su intención de hacer tabla rasa con todas las formas del arte, condujo a su propia autodestrucción.

Ningún compositor se vio asociado de manera directa con Dadá, aunque este término se haya aplicado confusamente a algunas obras de Satie y del Grupo de los Seis franceses, realmente dentro de la corriente neoclásica, e incluso a compositores como Richard Strauss. La pieza Erratum musical (1913), del pintor dadaísta Marcel Duchamp, se incluye dentro de esta corriente por cuanto consiste básicamente en alturas aisladas y creadas al azar, sin ninguna indicación de duración o ritmo, precedente claro de la futura música abierta o aleatoria de cincuenta años después. De ahí que el estilo del extravagante compositor norteamericano John Cage, padre de las formas abiertas de los años sesenta, se conozca también como teatro musical o post-dadaísmo. Y es dadaísta porque la música era para Cace lo mismo que para Duchamp 0 Francis Picabia sus pinturas, una cuestión de actitud, de fenómeno y, como tal, irrepetible.

5. COMPOSITORES EXPERIMENTALISTAS
5.1. CHARLES IVES (1874-1954)

Compositor norteamericano de poderosa personalidad, creó una obra densa, compleja, y desligada de los restantes estilos musicales de su tiempo. Su sólida posición económica -fue director de una gran empresa de seguros- le permitió componer con entera libertad, y ello se evidencia en su música, inconformista y totalmente independiente de las corrientes contemporáneas. En su tiempo, su música ejerció muy poca influencia, y no fue hasta 1930 -ya había dejado de componer a causa de una crisis cardiaca cuando sus obras comenzaron a conocerse ya interpretarse por doquier. Desde entonces, su influencia fue decisiva en las generaciones más jóvenes de compositores americanos.

Ives profundizó en la atonalidad anticipándose a Schonberg, y utilizó disonancias y clusters en el piano antes que Henry Cowell, la politonalidad mucho antes que Stravinsky y Milhaud. También empleó polirritmos que luego fueron investigados por los serialistas. Los cuartos de tono, los ritmos asimétricos, las melodías separadas, los elementos del jazz y el ragtime, las anticipaciones de carácter aleatorio, la modificación de la disposición espacial de los instrumentos en la sala, cualquier aspecto ya había sido utilizado por Ives mucho antes que otro cualquiera. Tan avanzado era su lenguaje, tan disonante y complejo, tan colmado de texturas y recursos desusados, que casi nadie -ni siquiera Stravinsky- alcanzaba a comprender su significado. Sobre todo, Ives despreciaba la música "bonita", la música admirada por el público. Al típico amante de la música, a ese que se sienta e inhala los "sonidos bonitos", lo llamaba Rollo. Ives representa una orgullosa integridad musical y un tipo original de nacionalismo. Casi toda su obra incluye referencias a su pasado en Nueva Inglaterra, a las melodías, los himnos, las canciones patrióticas, las danzas y las marchas que había escuchado durante la primera parte de su vida. Siempre Ives fue capaz de combinar en su música la tonalidad clásica, cuando trata de reflejar los recuerdos de sus años de infancia, con la música más avanzada, heterodoxa, agria y discordante que hasta aquel momento se hubiese creado.

5.2. HENRY COWELL (1897-1965)

Cowell fue el representante norteamericano más directo de la tradición de Ives en la década de 1920, el vínculo más importante entre aquél y la vanguardia de compositores norteamericanos de las décadas de los 30 y 40 a la vez que uno de los Innovadores mas prolíficos de su tiempo. Discípulo y biógrafo de Ives, ya semejanza de su maestro, Cowell se mantuvo al margen tanto de la tradición clásica como de las corrientes musicales de su tiempo. Utilizaba una mezcla ecléctica de materiales populares, especialmente del folklore Irlandés y de la música oriental, poli ritmos y disonancias combinadas con consonancias convencionales. Por otra parte, fue pionero en las modernas técnicas de notación adecuadas a sus nuevos recursos.

Destaca, a su vez, como investigador de las formas abiertas, así como del ritmo. Sin embargo, hoy se le recuerda principalmente como el inventor del "tone-cluster" (racimo de notas): varias notas adyacentes en el piano ejecutadas simultáneamente, bien con el puño, la palma de la mano, una regla, el codo, etc. Algunos estudiosos atribuyen el invento a Ives, pero las fechas de las obras parecen decir lo contrario. La impresión que el cluster produce es la de una textura, más que la de un acorde; el cluster ocupa un lugar intermedio entre las alturas fijas y el ruido.

A Cowell también le gustaba meter la mano en el interior del piano y manejar el teclado para producir sonidos insólitos en las cuerdas, técnica que sería empleada treinta años después por su discípulo John Cage. Junto con Leo Theremin, inventor ruso, creó Cowell el Rhytmicon (1931), anticipándose a la música electrónica de los años 50.

Cowell posee un catálogo extensísimo, con cerca de cien obras, incluyendo catorce sinfonías, algunas con títulos tan excéntricos como 26 mosaicos simultáneos, Madras, Thesis, Vestigios, etc.

Un compositor menor fue Leo Ornstein, gran pianista, quien experimentó con los agrupamientos de tono y la música de disonancia extrema.

5.3. EDGARD VARÉSE (1883-1965)

Francés de nacimiento, tras estudiar durante un año en la Schola Cantorum de París, la abandonó por desavenencias con Vincent d ´Indy. En 1907 se traslada a Berlín, donde recibió el apoyo de Busoni y Richard Strauss. En 1915 huye de la guerra y se afinca en los EEUU donde residió principalmente el resto de su vida. Incansable investigador del mundo de los sonidos, su constante búsqueda de nuevos timbres alejados de los instrumentos convencionales, le llevó a experimentar con instrumentos eléctricos, adelantándose en 20 años a la música electrónica, a la que llamaba "sonido organizado". Era un revolucionario natural que desechó casi todos los elementos del pasado y buscó un tipo totalmente nuevo de música. Buscaba instrumentos nuevos que originasen sonidos nuevos. Con este fin trabajó con Leo Theremin' y con el Laboratorio de teléfonos Bell.

En un principio, Varése compuso música influida por Debussy, Strauss, y el Stravinsky de la "Consagración". Pero con Ionisation, de 1933, se apartó por completo de las influencias anteriores. En ella Varése crea una forma definida por bloques y masas contrastantes de sonidos donde melodía, armonía y ritmo han perdido su privilegio en favor del sonido por sí mismo. Escrita para un inmenso conjunto de instrumentos de percusión, que incluye piano, campanas, cadenas, yunques y sirenas, este tipo de música no tenía precedentes, en vista de su compleja percusión rítmica, sus gemidos y aullidos, su modernismo tan avanzado para la época.

En 1954, con Déserts, para orquesta y dos cintas magnetofónicas con sonidos grabados en fábricas y ruidos diversos, Varése se convertía en el primer compositor en utilizar una cinta magnetofónica como instrumento. El escándalo fue mucho mayor que el de la "Consagración", de Stravinsky .Otra obra famosa fue su Poema electrónico, de 1958, que le fue encargado para ser transmitido por más de cuatrocientos altavoces repartidos en el interior del pabellón diseñado por Le Corbusier para Phillips en la Exposición Internacional de Bruselas de aquel año. Mientras, luces de distintos colores acompañaban la música. La obra de Varése fue decisiva para el reconocimiento de la Importancia del timbre en la música. Para Varése, los sonidos eran los componentes estructurales esenciales de la música, por encima de la melodía, la armonía o el ritmo. Sus formas son completamente libres, desprendiéndose de todo aquello que supusiera melodía, variación, o desarrollo temático convencionales. Rasgos propios de sus composiciones son los siguientes:

-La música se halla plagada de cuchicheos y gritos, con terribles clamores.

-Empleo de registros y timbres originales, extraños al oído.

-Rítmica instintiva, visceral.

-El ruido entra a formar parte importante de la obra musical, con el consiguiente incremento de la percusión.

-Empleo de disonancias sin resolver para producir sonidos muy agudos.

Además, Varése utiliza la orquesta tradicional para producir efectos que más tarde serían del dominio de la música electroacústica, como la impresión de reproducción acelerada o retardada, o la impresión de superposición de fenómenos sonoros que parecen independientes.

LECCIÓN NOVENA: EL NEOCLASICISMO

1. INTRODUCCIÓN

Los efectos de los experimentos musicales iniciados a comienzos de siglo siguieron dejándose sentir en las décadas de la entreguerra. Muchos compositores trataron de incorporar los nuevos descubrimientos, de diversas maneras y en variadas proporciones, sin perder continuidad con la tradición. Este ideal estético, que ha venido en denominarse Neoclasicismo, puede definirse como la adhesión a los principios clásicos de equilibrio, frialdad, objetividad y música pura (en contraste con la programática del Romanticismo), con las consiguientes características de economía, textura predominantemente contrapuntística y armonías tanto diatónicas como cromáticas; a veces implica, asimismo, una imitación, cita o alusión a melodías o rasgos estilísticos específicos de compositores más antiguos, como por ejemplo en *Pulcinella,* de Stravinsky, basada en tonadas supuestamente debidas a Pergolesi.

La actitud antirromántica del Neoclasicismo rompe con el pasado inmediato para subrayar los conceptos musicales anteriores al Romanticismo, especialmente los del siglo XVIII. De ahí, que el Neoclasicismo vuelva a adoptar modos de interpretación, formas y géneros del Barroco y del Clasicismo, como la suite, el concierto, la sinfonía y la sonata, pero como meros conceptos musicales, sin atenerse a sus formas originales.

2. FRANCIA

El "Grupo de los Seis", en Francia, representa una de las primeras fuerzas de oposición al Impresionismo de Debussy y un retorno a los ideales del Clasicismo musical. La denominación de Los Seis tuvo un origen casual: el crítico Henri Collet tituló un artículo suyo de 1920, a propósito de un concierto en el que se representaron obras de Milhaud, Poulenc, Honegger, Georges Auric, Louis Durey y Germaine Tailleferre. "Los Cinco rusos y los Seis franceses". La unión de estos seis hombres franceses, aunque casual, indicaba efectivamente la existencia de un cenáculo artístico, si bien en su número no se había tenido en cuenta el auténtico animador e inspirador del mismo, el genio excéntrico de Erik Satie. Los Seis constituyeron un grupo homogéneo durante un cierto número de años, entre el final de la Primera Guerra Mundial y 1924 en que cada uno emprendió su propio camino.

La estética musical del Grupo de los Seis quedó plasmada en el manifiesto "El gallo y el Arlequín", con texto de Jean cocteau, en el que denunciaban abiertamente las ideas serias y sublimes de Beethoven y de Wagner, el simbolismo musical, el Impresionismo y Debussy en particular, y preconizaban la línea clara de Bach, la violencia primitiva de Stravinsky, la música de Satie, sobria, breve, repetitiva y antisentimental y una vuelta a la estética del circo y del café concierto. al tiempo que se proclamaba "una música francesa de Francia de la medida, de la sobriedad, de la claridad".

En base a tales principios, las composiciones de los Seis se caracterizan al margen de su afición compartida al jazz al music-hall, al circo y al parque de atracciones que tanto influirán en sus respectivos lenguajes musicales-, por el estilo desnudo, la melodía y acompañamiento los acordes y la simple polifonía cantable, elementos todos de los que Satie seguía dando un ejemplo tan radical como lo demuestran algunas obras de este período: el ballet realista *Parade* (1917) , con libreto de Coteau y decorados y trajes de Picasso, y el drama sinfónico *Sócrates* (1920). Por lo demás, cada uno de ellos aportó novedades diversas.

2.1.   ARTHUR HONEGGER.

De los miembros del Grupo de los Seis destaca con valor propio **Arthur Honegger** (1892-1955), de ascendencia suiza pero nacido en Francia, inclinado por la gran forma y por un lenguaje sólidamente construido sobre bases polifónicas que se expresa a través de melodías de breve aliento, fuertes ritmos en ostinato, timbres audaces y armonías disonantes.

Su pasión por el maquinismo, el "modernismo mecánico" como él 1o llamaba, dio como resultado su pieza más famosa, *Pacific* 231, de 1923, en la cual intentó traducir en música la impresión visual y física de una locomotora a toda velocidad. En sus cinco *Sinfonías* sobresalen las características antes mencionadas, mientras que en su abundante producción camerística se observa un equilibrio entre la escritura polifónica "a lo Bach" y un sentido de la armonía completamente Debussyano.

Honegger conquistó fama mundial tras la aparición en forma de concierto de su oratorio *El rey David* (1923), con coros fáciles de cantar (fueron escritos en un principio para aficionados), esquemas rítmicos y formales convencionales, escasas audacias armónicas y una escritura claramente diatónica. A mayor escala es el estilo de *Juana de Arco en la hoguera* (1938), oratorio con cinco partes habladas, cinco solistas, coro mixto, coro de niños y gran orquesta, con una música en la que el canto gregoriano, las melodías de danza y canciones folklóricas modernas y medievales se mezclan con el lenguaje disonante y altamente colorista de Honegger.

2.2.   DARIUS MILHAUD.

Aún más importante es la obra de **Darius Milhaud** (1892-1974**)**, autor de una cantidad inmensa de música. Sus obras comprenden piezas para piano, música de cámara (entre la que se incluyen sus 18 cuartetos para cuerdas), suites, sonatas, doce sinfonías, música cinematográfica, ballets, canciones, cantatas y operas. Milhaud fue un artista a de temperamento clásico pero infinitamente receptivo de muchos estímulos musicales, especialmente del jazz y de los ritmos sudamericanos, que supo asimilar a su propio lenguaje, como se observa en sus danzas orquestales *Nostalgias del Brasil* o en pasajes de los ballets *La creación del mundo* (1924) o *El Tren Azul*. Su obra teatral es fecunda en piezas de corte clasicista, como la trilogía de la *Orestíada,* la ópera *Medea,* y la ópera bíblica *David.*

Un recurso técnico que aparece corrientemente en Milhaud es la "politonalidad", música escrita en dos o más tonalidades a la vez, que combina con una música esencialmente lírica en su inspiración, con una mezcla de ingenio e ingenuidad. Entre las dos guerras, la fama de Milhaud se consolidó, en gran medida gracias al gran número de conciertos como pianista y director de orquesta que llevó a cabo.

2.3.   FRANCIS POULENC

Francis Poulenc (1899-1963) combina la gracia y el ingenio de las canciones populares francesas con un don especial para la sátira musical y un elegante lenguaje armónico. En el campo instrumental, sus obras más apreciadas, aparte de su música para piano, fueron el famoso *Concierto Campestre,* para clave y orquesta (1928), neoclásico en el espíritu de Rameau y Doménico Scarlatti, y la *Sinfonietta.*

Sus principales obras para el teatro comprenden la ópera cómica *Los pechos de Tiresias* (1940), y su ópera seria en tres actos *Diálogos de carmelitas,* según la obra de Georges Bernanos. También Poulenc es autor de varios motetes, obras corales y una misa.

3. ALEMANIA
3.1. PAUL HINDEMITH

Paul Hindemith (1895-1963) destaca no sólo como compositor, sino asimismo como teórico y maestro en la Escuela de Música de Berlín, la universidad de Yale, y La de Zurich, donde influyó sobre toda una generación de músicos y compositores. Hindemith combina las formas antiguas del Barroco contrapuntístico con un lenguaje versátil y personalísimo donde se funden por igual rasgos estilísticos del jazz, el Impresionismo, y una calidez casi romántica.

Entre sus obras más conocidas figuran la ópera *Matías el pintor* (1934), con libreto del propio Hindemith, basada en la vida de Mathias Grünewald, pintor del famoso altar de Isenheim, a través de una exposición filosófica sobre el papel del artista en tiempos de guerra y persecución; la sinfonía del mismo nombre, compuesta mientras escribía el libreto de la ópera; las *Metamorfosis sinfónicas,* sobré temas de Weber; la ópera expresionista *Cardillac;* y un buen número de composiciones corales, camerísticas y religiosas, entre estas últimas un *Requiem* y una *misa para coro a capella.*

3.2. CARL ORFF

Un compositor alemán de tendencias neoclásicas es **Carl Orff**, quien logró plasmar un lenguaje atractivo y engañosamente sencillo, en cierto modo endeudado con la canción folklórica, en su cantata escénica *Carmina Burana* (1936), donde pone en música canciones de los goliardos de los siglos XIII y XIV, y en otras musicalizaciones de poesías latinas y alemanas para voces y orquesta. Mención aparte es su *Música para niños,* colección para uso escolar que comprende movimiento, canto y ejecución en instrumentos apropiados, llevando a los niños de manera natural y por medio de sus propias experiencias, a través de gran variedad de melodías, escalas y ritmos, algunos estrechamente vinculados con la Antigüedad y la Edad Media.

4. IGOR STRAVINSKY

Igor Stravinsky (Rusia 1882-Nueva York 1971), en el transcurso de una larga carrera, participó en algunas de las orientaciones más significativas de la *música* en la primera mitad del siglo XX, llegando a cultivar su propia versión del dodecafonismo desde 1950. Su influencia sobre tres generaciones de compositores ha sido enorme.

La etiqueta de "neoclasicismo" se atribuye habitualmente al estilo que Stravinsky desarrolló desde 1923, en el *Octeto para instrumentos de viento*, hasta la opera *La carrera del libertino*, compuesta en 1951. Luego de las experiencias vanguardistas de *Petrushka, El pájaro de fuego, La Consagración de la Primavera*, o *La historia del soldado*, entre otras, Stravinsky busca una música de mayor claridad, más objetiva y racional, con una escritura lineal más contrapuntística y el empleo de pequeñas formaciones instrumentales, casi camerísticas, en oposición al gigantismo orquestal del período precedente.

En virtud de estos principios Stravinsky contribuyó a la literatura coral con dos extensas composiciones: la ópera-oratorio *Edipo Rey* (1927) sobre una traducción al latín de la adaptación de la obra de Sófocles por Cocteau, para solistas, narrador, coro masculino y orquesta; y la *Sinfonía de los Salmos* (1930), sobre textos latinos de la Vulgata.

En concordancia con la atracción que sentía Stravinsky por los temas clásicos se hallan su ballet *Apolo* y *las musas* y el ballet-melodrama *Perséfone*. Sus obras camerísticas sinfónicas incluyen, además del *octeto* un *Dúo concertante para violín y piano*, un *Concierto para dos pianos*, y un *Concierto para violín*, entre otras. La *Sinfonía en Do*, de 1940, es un modelo de claridad y cohesión formal neoclásicas. Por su parte, la *Sinfonía en tres movimientos*, de1945, es mas agitada y disonante, recordando algunos rasgos de la *Consagración*. Su segundo movimiento es una de las obras mas plenamente clasicistas de este período: durante gran parte de la misma, las melodías diatónicas, a menudo duplicadas en sextas paralelas y ornamentadas con grupettos y trinos poseen un acompañamiento homófono; la extensa línea melódica recuerda a Bellini, cuya vena melódica concitaba gran admiración en Stravinsky.

La última obra neoclásica de Stravinsky es la ópera *La carrera del libertino* (1951), en la que emplea diversos procedimientos dieciochescos como los recitativos, las arias y los conjuntos, y en el que cobran valor propio los ritornellos barrocos, el acompañamiento del clavicémbalo, y los grupettos y las apoyaturas mozartianas.

5. <u>RUSIA</u>

La Revolución de 1917 cambió radicalmente la música rusa, desbancando el formalismo de los años 20 por el "Realismo Socialista", el cual, según la nueva teoría marxista-leninista del reflejo de la realidad en el arte y la música, busca la expresión del sentimiento con los medios del Neoclasicismo aspirando de esta forma a buscar una amplia repercusión en el pueblo, Los principales compositores que se adscriben a esta corriente son

Alexander Cherepnin, Aram Khachaturian, Seraei Prokofiev, y **Dimitri Shostakovich,** los dos últimos de enorme influencia y prestigio internacional.

Prokofiev (1891-1953) vivió fuera de Rusia entre 1918 y 1934 y sus composiciones de estos años sólo esporádicamente revelan influencias nacionales. Su primera obra esencialmente neoclásica es la Sinfonía Clásica (1918), llena de invención, de materiales tradicionales melodías tonales con grandes saltos y yuxtaposiciones disonantes. Piezas de estilo similar, que alcanzaron amplia popularidad, fueron la suite sinfónica *El teniente Kijé,* el "cuento sinfónico" *Pedro* y *el lobo,* para narrador y orquesta (1936) y el ballet *Romeo* y *Julieta.*

El estilo de Prokofiev no cambió de modo radical cuando se afincó permanentemente en la Unión Soviética tras muchos años pasados en Europa y los Estados Unidos, con sus giras de pianista y los diversos encargos que le hicieron como compositor, entre los que se halla la ópera escrita para Chicago *El amor de las tres naranjas* (1921), ballets para Diaguilev en París.

Las *Sinfonías n° 5 y 7,* de Prokofiev, son testigos del éxito que obtuvo en su búsqueda de una melodía clara y expresiva, así como del dominio del lirismo de naturaleza casi romántica, cualidades que se observan de igual modo en sus piezas de cámara, sonatas y otras creaciones para piano, óperas *(Guerra y Paz, Iván el Terrible),* ballets y conciertos, destacando de estos últimos el *Segundo concierto para violín.*

La claridad, el refinamiento estructural y su peculiar modo de interpretación del lenguaje clásico, conforman un estilo tan personal como popularizado actualmente, no exento de cualidades líricas y profundamente expresivas.

Shostakovich (1906-1976) entró en la escena musical internacional a la edad de 19 años con su *Primera sinfonía* (1926); después, cada una de sus catorce sinfonías fue motivo de una espera anhelante y recibida con el mismo éxito; sin embargo, la *Quinta,* la *Séptima,* llamada "Leningrado", que trata de la heroica defensa de esta ciudad contra los ejércitos de Hitler, y la *Décima,* han obtenido un lugar destacado en el repertorio. Shostakovich fue educado y desarrolló toda su carrera dentro del sistema soviético, bajo el cual recibió un trato generoso, aunque no fue inmune a la crítica oficial. Su ópera *Lady Macbeth,* que obtuvo cierto éxito fuera de Rusia, fue retirada del cartel tras ser condenada por *Pravda,* en 1936. El compositor más adelante la revisó y le dio el nombre de *Katerina Izmailova.* Otras piezas importantes son sus quince *cuartetos* y sus *conciertos* para violín y para violonchelo. Shostakovich, en su música, supo asimilar la herencia nacional, muy especialmente la de Tchaikovsky, a la tradición europea principal, con marcadas influencias de

Mahler y Hindemith.

LECCIÓN DÉCIMA: LA MÚSICA ESPAÑOLA EN EL SIGLO XX HASTA LA SEGUNDA GUERRA MUNDIAL

1. PANORAMA GENERAL.

La llegada del siglo XX sorprende a nuestra vida musical con una serie de problemas que había arrastrado durante el siglo XIX. Baste recordar la ausencia casi absoluta de una vida sinfónica e incluso de música de cámara a lo largo de toda la centuria. La música amable de salón y la zarzuela eran los únicos campos donde el compositor español tenía la seguridad de ser tolerado, amén de conquistar algún éxito.

La <u>ópera española</u> verá las mismas dificultades que en el siglo XIX, agravadas por el cierre, en 1925, del Teatro Real, que con la desaparición de muchos teatros de provincias a lo largo del siglo, dejarán al Teatro del Liceo de Barcelona como única representación estable del teatro lírico en España. Por su parte. La <u>zarzuela</u> continuará su trayectoria, perdido ya el impulso del género chico y la batalla final de Bretón, Chapí o Fernández Caballero, fallecidos pronto en nuestro siglo. No obstante, continuará durante toda la primera mitad del siglo XX con una nueva generación en la que ya se advierten síntomas de decadencia y de evolución hacia otros géneros más ínfimos hasta desaparecer, al menos como actividad de creación viva, pocos años después de la Guerra Civil.

En el campo de la música sinfónica, el cambio operado en los primeros años de siglo fue muy rápido. En primer lugar, se crean nuevas sociedades filarmónicas, sociedades privadas, financiadas por particulares, que merced a las aportaciones de sus socios, contrataban artistas de cierta talla) que se iniciaron con la de Bilbao en 1896 y la de Madrid en 1901. Rápidamente van surgiendo por todo el país y permitirán en corto plazo una ampliación del panorama musical, dando a conocer a muchos artistas nacionales y extranjeros que irán familiarizando a nuevo público con la música de cámara del siglo XIX y con obras nuevas, incluidas las españolas. Con la creación de la Orquesta Sinfónica de Madrid en 1904 y la labor que en ella realizó Enrique Fernández Arbós, los compositores españoles contaron con un instrumento musical de primera categoría que sustituía a la precaria Sociedad de Conciertos del siglo XIX. Con la creación en 1915 de la Orquesta Filarmónica de Madrid, dirigida por Bartolomé Pérez Casas, el panorama mejoró sensiblemente. Paralelamente, en Barcelona, Juan Lamote de Grignon creaba en 1910 la Orquesta Sinfónica. Ambas ciudades tendrían durante este período otras orquestas más fugaces y en otras ciudades se irían creando formaciones sinfónicas. Las nuevas orquestas fueron un eficaz vehículo para los nuevos músicos y para la creación de un público para el que se hacían los conciertos. Gracias a ello, los grandes autores de los siglos XIX y XX pudieron pasar al repertorio. La estancia en Francia de algunos .de los principales compositores españoles permitió propagar la música impresionista que influyó poderosamente en los músicos nacionales. También la música coral conoció un renacimiento con la creación de coros estables en Bilbao, San Sebastián y Pamplona, posteriormente en Barcelona con el Orfeó Catalá. Sería interminable la lista de coros, pero han sido un puntal importante en el desarrollo de la música española de este periodo, como también lo fueron los diversos cuartetos, de vida más o menos larga, que contribuyeron a una música de cámara estable y entre los que se pueden mencionar, a título ilustrativo, el Cuarteto Francés o el Cuarteto español. Hay que mencionar también que en el periodo que nos ocupa los conservatorios, especialmente los de Madrid y Barcelona, fueron unos centros musicales de gran vida. La mayoría de los músicos importantes de esta etapa, tanto compositores como intérpretes, fueron profesores de estos centros que mantenían una buena actividad musical.

2. MANUEL DE FALLA (1876-1946).

La obra de Falla destaca poderosamente en el panorama del siglo XX español, en el que ocupa un lugar único y aislado. Es también el único músico español de la época que resiste la comparación con los grandes de la composición mundial sin tener en su contra otra cosa que la escasez relativa del número de sus obras, pero reconquistando después de varios siglos el respeto universal para la composición española. Su gran valor fue el haber llegado a ser. Un nacionalista de vocación universalista, lo que le libró tanto del simple regionalismo como del mero internacionalismo.

Discípulo de Pedrell, de quien descubrió el nacionalismo folklorista, su primera obra de gran importancia es la opera La vida breve, de 1905, un auténtico drama lírico dotado de aliento y unidad, magníficamente orquestado, impregnado de las tendencias veristas de finales del siglo XIX Hay en esta obra un andalucismo con vocación universalista, y una vena melódico-armónica que ya es la del auténtico Falla. En 1907 marcha a Francia, entablando amistad con lo más granado del mundo musical francés del momento: Debussy, Ravel y los españoles Ricardo Viñes y Albéniz. A este último Falla dedicó las Cuatro piezas españolas (Aragonesa, Cubana, Montañesa y Andaluza), en las que lleva a la práctica las teorías de Pedrell, derivando las páginas que cada región tratada. De esta época son las Siete canciones populares españolas, extraordinario ejemplo de cómo trata Falla un material directamente popular sacado de diversos cancioneros.Los   tres nocturnos para piano y orquesta titulados Noches en los jardines de España, escritos entre 1911 y 1915, y dedicados a Ricardo Viñes, son la única aproximación real de Falla al impresionismo, al que sobre impone una música plenamente nacionalista, con una extraordinaria finura de medios y una gran cohesión estilística. Falla recurre a motivos populares recreados, pero no cita tonadas autóctonas populares. Es, sin embargo, en el ballet El amor brujo, quizá su obra más genial, donde Falla se acerca al mundo de los gitanos y extrae sus consecuencias del mundo del cante jondo sin acudir a citas expresas. De la obra importa su colorido, su ritmo trepidante, su inquietante atmósfera, y su hondura gitana y andaluza.

Composición posterior es el ballet en dos cuadros El sombrero de tres picos encargado por Diaguilev. Aquí los elementos populares son mucho más directos y abundantes: jotas, seguidillas, boleros, tonadas murcianas, etc, enriquecidos por ritmos tradicionales y esencias andaluzas, con una orquestación esplendorosa. La Fantasía Bética es la más alta expresión del piano de Falla y del piano español en general junto a Iberia de Albéniz. Obra de enorme nobleza, profundidad y perfección, vuelve Falla a una Andalucia ancestral, con los medios más vanguardistas a su alcance. Es, sin duda, una de las obras de más difícil asimilación de las que creó el autor.

El retablo de Maese Pedro, sobre un episodio del Quijote cervantino, es una ópera de cámara, de la que Falla extrae recursos .impensables, con los medios más audaces. Hay abundante material popular en la música, pero también hay de carácter histórico, de Salinas a Vázquez, o Gaspar Sanz, todo ello elaborado en una síntesis total de carácter neoclásico. Música abstracta, ausente de todo popularismo o folklorismo pero sin embargo, profundamente española, el Concierto ara clave cinco instrumentos, encargo de Wanda Landowska ha sido la obra de Falla que más tarde logró Imponerse ante el público.

Su pieza inconclusa La Atlántida, para orquesta, colf1 coros y solistas, es una ópera o cantata escénica, en la que Falla resume todo su saber y sus aspiraciones estéticas. Descubrimos en ella una mezcla de disonancias y combinaciones rítmicas complejas, junto con citas de música renacentista española, todo ello unificado bajo una orquestación grandiosa.

Fue terminada por Ernesto Halffter, y estrenada en 1961.

3. MÚSICA RELIGIOSA.

En 1903, el papa Pío X publicaba la encíclica Motu Proprio, que pretendía encauzar la música religiosa en general y el canto gregoriano en particular, recuperando, así mismo, su papel perdido en el siglo precedente. Los compositores españoles recibieron las nuevas directrices con entusiasmo. En seguida se celebraron tres congresos españoles de música sagrada: el de Valladolid, en 1907; el de Barcelona, de 1912; y el de Vitoria, de 1928. En toda España, y especialmente en los centros religiosos y de culto más importantes, se desarrolló un amplio cometido de dignificación de la música religiosa que afectó prácticamente a todos los compositores que se dedicaron a este género, cuya labor llega hasta el Concilio Vaticano II. La base de esta música se centró en la recuperación de la tradición gregoriana, y ocasionalmente de la popular, con aplicación de las técnicas contrapuntísticas renacentistas y barrocas, y unas formas que aceptaban los logros del siglo XIX. Algunos de estos compositores intentaron llevar los hallazgos postrománticos o wagnerianos a estos esquemas sin romperlos, e incluso los impresionistas. Los más inmersos en el espíritu del Motu Proprio se dedicaron exclusivamente a la música sacra, pero la mayor parte hicieron conciliable este trabajo con la composición de música profana, sin quedar formal y estéticamente marcados por la práctica de su oficio musical religioso. Entre aquéllos cuyas obras merecen la revisión, y no en pocos casos, una eventual reposición, destacan Arturo Saco, director de la Capilla Real y autor de dos misas con orquesta; Luis Iraurrizaga, fallecido prematuramente cuando preparaba el Repertorio orgánico español (1930), fundamental para la divulgación de las piezas organísticas españolas desde el siglo XVI; Eduardo Torres; Nemesio Otaño, fundador de la revista Música Sacro Hispana, y de la Schola Cantorum de la Universidad de Comillas: Salvador Azara, autor de un Himno a Santa Cecilia y un ambicioso Miserere para coros y orquesta; Ignacio Prieto probablemente el más avanzado de su generación, del que descuellan la Misa jubilar, para coro y orquesta, y su Misa Nova.

4. LA ZARZUELA.

En la primera década del siglo XX desaparece con rapidez la herencia zarzuelera del siglo XIX. Además de fallecer la mayor parte de sus cultivadores más importantes, se operan cambios drásticos en el género que determinarán su transformación en el siglo XX. No son estos años el mejor periodo de la zarzuela, pese a lo cual el repertorio actual conserva muchas de sus obras que, junto con las finales del XIX, resultan hoy las más conocidas.

Poco a poco, la zarzuela fue convirtiéndose en un espectáculo de montaje caro. Paralelamente, el público se fue alejando de ella, porque los sectores popular y pequeño-burgués vieron llamada su atención hacia otros géneros, como la revista, el cuplé y la música comercial ligera; mientras, el público culto se mantenía más interesado en la aventura sinfónica o en la ópera, y sólo volvió los ojos a la zarzuela más tarde y como reliquia histórica.

La zarzuela empezará a languidecer antes de la Guerra Civil, y sólo durante un periodo escaso después de la misma conocerá un número importante de estrenos. Después, éstos se hacen esporádicos y los compositores se desentienden del tema, aunque se registren algunos estrenos espaciados y la repetición continuada de los títulos clásicos. La zarzuela se intentó adaptar de diversas formas. En primer lugar, a la opereta; luego, hacia la revista, con el único resultado de acabar convirtiéndose simplemente en revista, un género degenerado en España hacia formas vulgares y carentes de interés.

5. LA GENERACIÓN DEL 27.

Se llama Generación del 27 por homologación a la generación poética del mismo nombre, a una serie de compositores nacidos hacia 1900,que iniciaron su carrera en los años veinte y estaban llamados a recoger la herencia de Falla y sus contemporáneos, tomados como modelo, ya trascenderlos adaptando su ejemplo a los nuevos tiempos ya la evolución de las corrientes europeas. Posteriormente se ha sólido conocer a esta promoción con el nombre de Generación de la República. Se trata, además, de un grupo de hombres que, salvo excepciones, tiene una formación o influencia francesa.

Incluso se ha afirmado que son los autores correspondientes en Esparta al Grupo de los Seis en Francia. En ellos convive el neoclasicismo con claras incursiones en el atonalismo, el dodecafonismo y el casticismo. El principal compositor de esta generación fue Roberto Gerhad, un autor poco difundido a causa de su residencia británica desde 1939. En su Quinteto de viento aúna las corrientes dodecafónicas de Schonberg con una métrica derivada de la música española de Falla. El ballet Ariel es otro interesante trabajo anterior a su marcha de España. Uno de sus mejores logros fue el Concierto para violín y orquesta, así como sus cuatro sinfonías, en las que los rasgos nacionalistas españoles son evidentes.

LECCIÓN UNDÉCIMA: MÚSICA DESPUÉS DE LA 2ª GUERRA MUNDIAL. CONCRETA-ELECTRÓNICA-ELECTROACÚSTICA

1.- ANTECEDENTES

A la vez que las primeras obras atonales de Schoenberg, surgió el pensamiento sobre si la música del siglo XX podía emplear materiales diferentes a los utilizados en periodos precedentes. En fecha tan temprana como 1907, Buzón, en su "Boceto", señalaba el agotamiento de la vieja tradición musical, y abogaba por un "sonido abstracto, una técnica clara y un material sonoro ilimitado". En la década siguiente, los Futuristas, encabezados por Luigi Russolo, introdujeron el ruido como componente artístico y Varese, en la búsqueda de nuevos timbres alejados de los instrumentos convencionales, experimentó con instrumentos eléctricos de fabricación rudimentaria.

Fruto de esta nueva estética, fue la aparición, desde los primeros años del siglo XX, de los primeros instrumentos electrónicos: el **Telharmonium,** de Tadens Cahill (1906), un instrumento que producía "sonidos artificiales" con generadores electrónicos; el **Theremin,** de Leo Theremin (1920) ; las **Ondas Marternot**, de Maurice Martenot (1928), un simple **generador de frecuencias sonoras** manejado con un teclado de piano; y el primer **órgano electrónico** inventado por Louis Hammond en 1929. Además, se introdujeron instrumentos mecánico-innovadores de naturaleza no electrónica, como el **"intonarumori"** de Russolo, o el **Rhytmicom** de H. Cowell.

A pesar de estos desarrollos, la actividad en la música electrónica permaneció al margen de las principales corrientes musicales contemporáneas. La razón fue técnica: los primeros instrumentos electrónicos eran bastante primitivos tanto en su construcción como en su capacidad de producir sonidos. Y aunque algunos de estos inventos fueron puestos en práctica en determinadas obras experimentales ("Ecuatorial" de Varese, con algunas partes para Theremin), se mantuvieron como algo excepcional.

2.- MÚSICA CONCRETA

El comienzo real de la música electrónica llegó después de la 2ª Guerra Mundial, cuando las nuevas tecnologías y actitudes se unieron para alimentar su avance. Los primeros desarrollos significativos surgieron con la música "concreta". Esta forma de música, utiliza como material básico de la composición sonidos y ruidos naturales, es decir, concretos, procedentes tanto del ámbito de la música como de de la naturaleza, objetos, máquinas, o de nuestro entorno cotidiano. Los sonidos no son producidos por el compositor, sino que existen con anterioridad, esto es, son preexistentes; éste se limita a transformarlos a través de de diferentes manipulaciones electrónicas, como la modificación de su velocidad, repeticiones, mezclas, ecos, reverberación, superposición de capas sonoras, recurrencias (paso en sentido retrógado), etc. y a reunirlos en una cinta magnetofónica para su almacenaje y posterior reproducción.

La música concreta fue puesta en práctica por primera vez por el técnico de sonido francés Pierre Schaeffer, a partir de la creación en 1948 del "Grupo de investigación sobre música concreta", en la Radio Nacional francesa, en París. Sus primeras obras en este sentido fueron "Estudio de ruidos" (1948) y "Variaciones sobre una flauta mexicana" (1949), las cuales atrajeron la atención de un nutrido grupo de compositores vanguardistas, entre **ellos Pierre Boulez, Messiaen, Varese, Stockhausen y xenakis,** quienes llegaron a realizar grabaciones de música concreta en el estudio de Schaeffer. En su deseo de sistematizar el estudio de la música concreta, Schaeffer escribió, asimismo, un "Solfeo concreto", destinado a la obtención de un método riguroso que permitiese la enseñanza de este tipo de música.

El primer concierto de música concreta tuvo lugar en París en la Escuela Nacional de Música, en 1950. Entre las obras presentadas figuraba la "Sinfonía para un hombre solo", de Schaeffer y Pierre Henry. Ambos autores compondrían más tarde, en 1953, una ópera con música concreta, la ópera-ballet electrónica **"Orfeo"**, para cinta grabada y dos voces.

Pierre Henry, asiduo colaborador de Schaeffer en París, es autor de numerosas piezas de música concreta, entre otras "El micrófono bien temperado","Alto voltaje","Variaciones para una puerta y un suspiro","Apocalipsis de San Juan","Misa para el tiempo presente", etc., si bien desde 1958 comenzó a incorporarse en sus composiciones sonidos artificiales producidos electrónicamente.

En torno a Schaeffer y Pierre Henry, y su estudio de música concreta parisino, fue creándose un grupo de investigación de nuevos autores, entre cuyos principales exponentes figuran Michel Philippot y Luc Ferrari. Paralelamente, estudios similares comenzaron a aparecer en muchos paises. En 1951. Vladimir Lussachevsky y Otto Luening fundaban un estudio de grabación en la Universidad de Columbia (Nueva Cork) donde produjeron una serie de obras a partir de cintas grabadas como "Transposición" y "Reverberación", ambas de 1952. A diferencia de los compositores franceses, los americanos utilizaron casi exclusivamente sonidos específicamente "musicales" como base de sus composiciones.

3.- MÚSICA ELECTRÓNICA.

La música electrónica emplea como material básico de la composición sonidos artificiales producidos electrónicamente en un estudio de grabación, por lo que su materia prima es completamente nueva, no producida con anterioridad, a pesar de la semejanza tímbrica que puede existir con un sonido musical o de la naturaleza. Estos sonidos sufren luego el mismo tipo de manipulaciones que los producidos en la música concreta, por lo que su diferencia fundamental estriba en su material de partida.

En sentido estricto, la música electrónica pura se basa en la premisa de que un parlante pueda ser utilizado para producir sonidos mediante impulsos electromagnéticos procedentes de generadores electrónicos, con o sin la ayuda intermedia del almacenaje en cintas grabadas. Estos generadores producen impulsos que abarcan:

-Desde la creación de una onda sirusoidal, productora del sonido puro (la3 del diapasón)
-hasta la producción de todas las frecuencias audibles simultáneas de un sonido fundamental (ruido blanco).

Las primeras experiencias con música electrónica tuvieron lugar en la Universidad de Bonn, en 1950. Un año después, en 1952, Herbert Eimert creaba el "Estudio de Música Electrónica" en la Radio de Colonia, al que se une poco más tarde Karlheinz Stockhausen. Las primeras composiciones de Stockhausen: "Study I" en 1953 y "Estudy 2" en 1954, fueron los primeros ejemplos de música electrónica pura. Ellos exploraron una de las técnicas básicas de este estilo de música: la síntesis "aditiva", mediante la cual, los sonidos se crean al combinar distintas ondas de sonidos armónicos puros, al objeto de producir nuevos timbres.

En un principio, la música concreta y la electrónica, fueron consideradas como dos métodos distintos basados en filosofías de composición opuestas, polémica no resuelta hasta 1956, cuando Stockhausen las reconcilió y unificó bajo el nombre común de **MÚSICA ELECTROACÚSTICA,** término que hoy sigue vigente y que designa el marco único de investigación de ambas tendencias. La obra que marca el inicio de la música electromagnética es "El canto del adolescente" (1956) de Stockhausen, pieza que combina los sonidos de música concreta basados en la manipulación de la voz de un niño, con sonidos puro-electrónicos.

4.- SINTETIZADORES

Hacia 1960, la música electrónica se había ya establecido como un elemento vital dentro de la música contemporánea. Todo compositor de vanguardia había realizado alguna utilización del nuevo medio. Con el crecimiento del interés por la música electrónica, la mayoría de las investigaciones fueron dirigidas hacia la modernización y nuevo equipamiento de los estudios electrónicos. El logro más importante fue el descubrimiento de una forma de integrar los distintos componentes disponibles-osciladores, amplificadores, generadores, filtros, etc. dentro de una consola, controlados por un teclado. Esta unidad integrada fue llamada "sintetizador", una máquina capaz de crear sonidos pura-electrónicos.

El impacto de los sintetizadores en el mundo de la música fue espectacular. En un estudio electrónico, la creación de una melodía necesita que cada nota sea grabada de forma separada en la cinta. El compositor debía montar las cintas y cambiar los sonidos deseados. Lo que podrían haber supuesto horas en un estudio, puede producirse en **"tiempo real" en cuestión de segundos con un sintetizador.**

El primer sintetizador que tuvo éxito fue el **RCA Mark II**, desarrollado en el Centro de Investigación Sarnoff en New Jersey, y finalizado en 1955. Además de sus nuevos recursos tímbricos, este instrumento posibilitó un absoluto control sobre los parámetros del sonido, armónicos, forma de las ondas sonoras, resonancia, etc. Algunos compositores, como Milton Babbit compondrían con Mark II, destacando "Philomel". Posteriormente sería reemplazado por una serie de sintetizadores menores y más prácticos, como los diseñados por Robert Mogg y Donbed Buchla.

Compositores que no tuvieron un uso excesivo del sintetizador para provocar obras electrónicas fueron Milton Subotnihel "Manzanas plateadas de la luna", la primera composición electrónica encargada por una compañía de discos, "El toro salvaje", etc. Y Walter Carlos I, autor de "Switched on Bach" (1968), un disco que incluía arreglos realizados con un sintetizador Moog sobre algunas obras de J.S.Bach y cuyo éxito hizo mucha labor al acercar la música electrónica y los sintetizadores al conocimiento del público.

5.- MEZCLAS DE EJECUCIÓN EN VIVO Y ELELECTRÓNICOS.

La combinación entre música grabada y música en directo jugó un papel significativo en la música electrónica desde sus orígenes y ganó una importancia considerable durante la década de 1960. La primera obra que combino música instrumental grabada con música instrumental en directo fue "Música en dos dimensiones" para flauta, percusión y cinta grabada, creada por Bruno Maderna en 1952. En 1954, aparecía "Deserts", de Varese, en la que se alternan secciones para conjunto de cámara con partes de música pura-electrónica.

La mayor parte de los compositores que han trabajado en la música electrónica han escrito obras combinando los sonidos en directo con los electrónicos como Stockhausen y Babbit (para conseguir una música de efecto envolvente, Stockhausen emplea la "octofonía", mediante la colocación de 8 altavoces en los extremos de la sala, de suerte que constituyen un cubo sonoro. Con ello puede combinar sonidos instrumentales y la electrónica pura con los más sorprendentes efectos estereofónicos), cuyas composiciones para voz y cinta grabada "Visión y Oración de Dylan Thomas" y "Philonee" se encuentran entre sus composiciones más significativas. Marios Davidovsky, en ocho composiciones tituladas "Synchronisms", ha explorado las posibilidades de diálogo entre la música grabada y distintos medios de interpretación, que abarcan desde un solo instrumento hasta una orquesta completa y un coro.

6.- MÚSICA ELECTRÓNICA EN DIRECTO.

También denominada "live-electronic", la primera pieza electrónica ejecutada en vivo fue "Cartridge Music" (Música de cartucho), de John Cage (1960), dónde se pide a los intérpretes que muevan grandes objetos, como mesas o sillas, a los que se ha incorporado micrófonos de contacto. El resultado es amplificado y transmitido mediante altavoces al público.

Durante la década de de 1960, Stockhausen buscó la integración de la música electrónica y la instrumental a través de la manipulación electrónica de las audiciones en directo. Un ejemplo de ello es "Mikrophonie I", en que el sonido es producido por un gigantesco tam-tam manejado por cuatro intérpretes, es conducido hasta una caja de mezclas. Allí es manipulado y filtrado para ser enviado finalmente a distintos altavoces de amplificación.

A finales de la década de 1960, comenzaron a aparecer varios grupos dedicados exclusivamente a la improvisación y que utilizaron instrumentos electrónicos en directo, como fueron ONCE, FLUXUS, MEV Y Música Electrónica Viva. Un importante factor que incluyó en el crecimiento de la música en directo fue la llegada de los sintetizadores, relativamente transportables, algunos de ellos diseñados expresamente para ser utilizados en los conciertos. Una de las figuras más importantes que en los primeros momentos comenzó a utilizar este instrumento fue John Eaton, especialmente el Syn-Ket. Entre 1965 y 1970 Eaton compuso una gran cantidad de piezas dramáticas para soprano acompañadas por Syn-Ket, solo o en combinación con pequeños conjuntos instrumentales, así como obras para solo Syn-Ket, y una pieza de concierto para Syn-Ket y orquesta. Paralelamente autores como Steve Reich y Philipp Gless creaban grupos de instrumentos electrónicos y amplificados para interpretar sus obras.

En 1970, la música electrónica en directo también había asumido un papel capital en la música popular y el jazz. La extensa diseminación que se dio en la década de 1980 de los sintetizadores digitales capaces de generar sonidos extraordinariamente complejos, animó aún más el desarrollo de la música electrónica, creando una cantidad de nuevas posibilidades sonoras explotadas por buena parte de los grupos de rock y pop.

7.- MÚSICA POR ORDENADOR.

El ordenador trabaja sobre el principio de que los parámetros del sonido (frecuencia, amplitud, duración, timbre, dinámica, etc.) pueden expresarse de forma digital; esta información puede introducirse en el ordenador, procesarse y finalmente ser transformada mediante un convertidor digital analógico (DAC) en un sonido producido electrónicamente.

La aplicación de los ordenadores a la música fue por primera vez llevada a cabo por el ingeniero electrónico americano Max V. Matrhews, quien en 1957, en los Laboratorios Bell de New Jersey desarrolló el primer programa capaz de generar sonidos musicales, y sus sucesores culminaron en el programa conocido actualmente como Music V. Las adaptaciones del programa de Matthews fueron instaladas en los ordenadores de la Universidad de Princeton en 1964 y poco después en Stanford. El primer estudio de música por ordenador de Europa fue fundado en Utrecht (Holanda), tambien en 1964. Aunque el interés por los ordenadores entre los músicos fue relativamente limitado durante estos primeros años, se expandió finalmente hasta que en la década de 1980 las facilidades de la música por ordenador fueron operativas en todo el mundo.

Entre los pioneros que comenzaron a componer para sonido sintetizado por ordenador figuran los americanos J.K.Randall y James Tenney, y el aleman Gottfried Michael Koening. La mayor parte de estos compositores han utilizado los ordenadores principalmente para producir sonidos electrónicos puros, aunque la música por ordenador también puede ser combinada con partes vocales o instrumentales grabadas de antemano, o con intérpretes en directo. Un uso especialmente destacado del ordenador mediante la introducción del cálculo de probabilidades para la composición musical, ha sido el llevado a cabo por Yannis Xenakis en obras como "Duel" y "Metástasis".

Una indicación de la creciente importancia de la tecnología informática en el campo de la música contemporánea es el **"Institut de Recherche et de Coordination Acustique / Musique (IRCAM), de París.** Fundado en 1976 bajo la dirección de Pierre Boulez, IRCAM es una organización investigadora activa, dedicada al estudio científico del fenómeno musical y a juntar a científicos y músicos para que trabajen en intereses comunes.

8.- CONSECUENCIAS DE LA MÚSICA ELECTRÓNICA.

Las consecuencias de la nueva música electrónica fueron inmensas. En primer lugar, liberaba al compositor de su tradicional dependencia con respecto al intérprete, permitiéndole ejercer un control total y sin intermediarios sobre el sonido de sus composiciones. De hecho, en este tipo de música, las facetas compositiva e interpretativa se funden en una sola.

Gran parte de la música de mediados del siglo XX, en particular el serialismo integral, exigía minuciosos matices de altura, intensidad y timbre que sólo podían anotarse de manera relativa en la partitura, así como complejos ritmos que difícilmente llevaban a la práctica los ejecutantes; además, como era necesaria la exactitud absoluta de la ejecución, las exigencias de músicos altamente especializados y un prolongado tiempo de ensayos constituían obstáculos adicionales. Sin embargo, **en el estudio electrónico todo detalle podía calcularse y grabarse con rigor matemático.**

Una de las contribuciones efectuadas por la música concreta y electrónica fue la de lograr la aceptación, como componentes artísticos, de sonidos y ruidos no producidos por las voces e instrumentos convencionales. Ahora se disponía de todo un ámbito de sonidos posibles, entre ellos muchísimos que era imposible reproducir por "medios naturales". De esta forma, la composición se enriquece con una variedad prácticamente ilimitada de intervalos, timbres, matices, duraciones,... **La gama de sonidos producidos es casi infinita, ya que el compositor puede superponer a voluntad de todos los armónicos que desee, y controlarlos con absoluta precisión.**

Por otra parte, conviene apuntar algunos inconvenientes de la música electrónica, como el abuso de intensidades y efectos insólitos, que llegan a distraer al oyente de los aspectos puramente musicales, las impurezas, defectos de claridad, ruidos sucios o accidentales, motivados por manipulaciones fortuitas y seguramente no deseadas en el proceso de composición.

Puede resultar extraño que la música electrónica no haya alcanzado todavía niveles de cierta aceptación entre el público y la crítica especializada. No es fácil precisar las causas de esta situación: reticencia del público; la absoluta "frialdad" y el carácter de música "cerebral" que se ha reconocido en la música electrónica; la enorme variedad de escuelas y estilos; la dificultad de cruzar sentimiento con la técnica pura; o, por último, cierta resistencia a abandonar los instrumentos tradicionales. Se ha señalado, al respecto, que los compositores de música electrónica, **"más que componer música se dedicaron a descomponer, separar y fragmentar cada uno de los componentes musicales, y a preferir la técnica a la estética, convirtiéndose, en fin, en meros montadores de sonido".**

LECCIÓN DUODÉCIMA: SERIALISMO INTEGRAL, MÚSICA ALEATORIA Y OTRAS TENDENCIAS

1- EL SERIALISMO INTEGRAL

Uno de los primeros desarrollos musicales surgidos tras la Segunda Guerra Mundial, fue el "Serialismo Integral",es decir, la extensión del principio de la serie de Schoenberg a otros elementos musicales aparte de la altura del sonido. Los puntos esenciales de la técnica dodecafónica eran los siguientes: la base de toda composición es la "serie"(concepto acuñado por Joseph Mattias Hauer), la cual consta de los doce sonidos de la octava dispuestos por el compositor en un orden que permanecerá inalterable a lo largo de la composición, de suerte que se consigue evitar la primacía de un grado de la escala sobre cualquier otro, puesto que todos intervienen igual número de veces y en el mismo orden. La serie puede utilizarse en sus formas original, invertida, retrograda o retrograda invertida, y en transposición de cualquiera de las cuatro formas. El compositor agota las notas de la serie antes de proceder a usar de nuevo la serie en cualquiera de sus formas.

Si era posible serializar las doce notas de la escala cromática, tal como lo había hecho Schoemberg, también podría hacerse otro tanto con los factores de duración, intensidad, timbre, textura, silencios, y otros parámetros. Sin embargo, mientras que en los siglos XVIII y XIX todos estos elementos en particular, los relativos a la melodía, ritmo y armonía – dependían convencional- unos de otros, ahora se los podía considerar como independientes, pudiendo relacionarse a voluntad. Así, podía combinarse una serie de alturas con otras series de los factores restantes, como lo demostró Messiaen con su "Modo de valores y de intensidades" y Milton Babbitt, con sus "Tres composiciones para piano".

La impresión que produce la audición de una pieza basada en estos principios es la siguiente: se trata de obras típicamente atemáticas, es decir, carentes de temas en el sentido convencional del término. De forma similar, se halla la ausencia de un pulso rítmico constante, así como de todo sentido de progresión, de movimientos hacia puntos de culminación definidos al final de la obra, tales como los característicos de la sinfonía clásica. En su lugar, todo cuanto se percibe son "acontecimientos" musicales sucesivos, no repetidos e impredecibles. Esta clase de hechos puede asumir la forma de minúsculos "puntos de sonido-timbre", melodía, ritmo, que se formulan, se combinan y desaparecen de una manera aparentemente fortuita. Por supuesto que, en el caso de una obra bien construida, la sucesión de acontecimientos habría de formar un esquema lógico, pero éste podía ser tan complejo que sólo sería perceptible tras mucho estudio y audiciones repetidas.

Los orígenes del serialismo en Europa se encuentran en Olivier Messiaen, Leibowitz y los cursos de Música Nueva de Darmstad, inaugurados al término de la Segunda Guerra Mundial. En 1949, Messiaen publicó sus 2Cuatro estudios de ritmo", para piano; el segundo de ellos adquirió una importancia histórica especial. Esta breve pieza, titulada "Modo de valores y de intensidades", se fundamenta en las combinaciones de cuatro factores complementarios: altura, ritmo, dinámica y ataque. En la introducción a la partitura aparecen reflejadas las tres series de doce sonidos en las que se basa la composición. A cada miembro de la serie se le asigna una nota, un valor, una intensidad y una forma de ataque, que permanecerán absolutamente fijos durante toda la composición.

Un discípulo de Messiaen, Pierre Boulez, comenzó a encaminarse hacia un serialismo integral en el cual las características rítmicas, dinámicas y de ataque determinadas de una forma estricta. Con tales postulados, Boulez compuso "Polifonía X" (1951) y, en particular, "Estructuras para dos pianos" (1952). Sin embargo, la ora cumbre de Boulez en este estilo fue "Le marteau sans maître" (El martillo sin dueño), para contralto y seis instrumentos, en nueve movimientos breves, sobre poemas de René Char.

2- MUSICA ALEATORIA

En el siglo XX, la multiplicación de las indicaciones detalladas en materia de dinámica, modo de ataque, tiempo y ritmos, evidenciaron la aspiración de los compositores de ejercer un control absoluto sobre la ejecución. De manera contemporánea con este paso, aunque no como consecuencia del mismo, surgió la "indeterminación", esto es, la utilización intencionada del azar en la composición y/o interpretación.

Puede aparecer como secciones indeterminadas (en parte, a la manera de una improvisación) dentro de una composición que, por lo demás, está fijada en la partitura; o bien, presentarse como una serie de acontecimientos musicales diferentes, cada uno de los cuales aparece especificado con mayor o menor exactitud por el compositor, aunque éste deje indeterminado, en forma total o parcial, el orden en que han de presentarse. En esta clase de obras, el ejecutante puede determinar el orden de los acontecimientos sencillamente por su propia elección, o bien ciertos procedimientos pueden guiarlo a elegir un orden en apariencia arbitrario o casual (uso de los dados, de Mozart, manual del azar chino "I ching", de John Cage). O también puede verse guiado por sus reacciones frente a lo que hacen otros integrantes del grupo (o hasta del público). En resumen, las posibilidades de la música aleatoria son ilimitadas.

Según se ha comentado anteriormente, la indeterminación puede aplicarse también al acato de la composición, lo mismo que al de la ejecución; este es el caso en el que algunos de los parámetros musicales (duración, intensidad, timbre, etc.) de la partitura escrita, se han decidido en virtud del azar: tirando dados, lanzando monedas al aire, empleando tablas de números variados, y otros medios similares. Y por último, la indeterminación en la composición puede combinarse con la indeterminación en la ejecución. Cuando la indeterminación es prácticamente total por ambas partes, el resultado ya no es, evidentemente una obra de arte en el sentido tradicional de la palabra, es decir, "algo hecho".

La música aleatoria se escucha, a menudo, como una sucesión de acontecimientos musicales discontinuos, ninguno de los cuales se deriva, en apariencia, de los que lo preceden, ni plantean situación alguna a partir de la cual el oyente puede anticipar lo que ha de seguir. Sin embargo, a través de todo este proceso, el compositor mantiene cierto grado de control; tanto el como el ejecutante hacen uso de opciones, y el resultado consiguiente es una forma musical, aunque esta forma pueda ser diferente cada vez que se escucha la música.

Los compositores de principios del Siglo XX, como Charles Ives y Henry Cowell utilizaron ocasional y limitadamente elementos indeterminados en sus obras. Sin embargo, la indeterminación musical surgió en la década de 1950 como un fenómeno extendido y enormemente influyente y es, por lo tanto, característica del periodo más reciente de la Historia de la Música. Su aceptación, en mayor o menor medida, por un amplio espectro de músicos se debe a la influencia de un único compositor, el norteamericano John Cage, discípulo de Cowell y Schoemberg.

La búsqueda de Cage por los sonidos no convencionales le llevaron a anticipar la indeterminación en su obra "Living Room Music", para percusión y cuarteto vocal, donde las partes de la percusión pueden ser interpretadas "con cualquier cosa o elemento arquitectónico" (mesas, paredes, etc.). En algunas obras, Cage ha introducido operaciones casuales dentro del proceso compositivo. En "Música de cambios" (1951), una extensa pieza para piano, todos los elementos de la estructura musicalmente melodía, silencio, duración, tempo, dinámica, etc. fueron escogidos utilizando el manual del azar chino " I ching", así como lanzando monedas al aire (el desarrollo musical de Cage ha estado enormemente influido por el misticismo oriental y, en particular, el budismo Zen).En "Música para piano" (1955),la importancia del azar fue Masaya, llegando a abarcar las decisiones de los interpretes; los valores de las notas y los niveles dinámicos se dejaron en manos del impulso que los intérpretes tuvieran en aquel momento.

Su máxima entrega a la aleatoriedad es la pieza denominada 4´33´´, para cualquier número de instrumentos, en la que sus intérpretes permanecen sentados y en silencio durante este tiempo, mientras los ruidos en la sala de conciertos (zumbido del aire acondicionado, el crujir de los programas de mano, el pateo de los pies, o el murmullo del público) y del exterior constituyen la música. Desde 1960 Cage ha trabajado cada vez más en la búsqueda de una apertura total en todos los aspectos de la composición y la ejecución, construyendo sus partituras según métodos totalmente fortuitos, y ofreciendo a los ejecutantes opciones tales como las de sus "Variaciones IV para cualquier número de ejecutantes, cualquiera sonidos o combinaciones de sonidos producidos por cualquier medio, con o sin otras actividades complementarias, como la danza o el teatro".

Compositores norteamericanos que trabajaron estrechamente con Cage fueron Morton Feldman (quién experimentó con texturas en las que la melodía estaba perfectamente especificada mientras que las duraciones quedaban indeterminadas) y, sobre todo, Earle Brown. La pieza "December 1952", de este último, constituye posiblemente el primer ejemplo de una partitura musical completamente gráfica. Esta hoja de diseño puramente abstracto, sin indicaciones musicales convencionales de ningún tipo, específica que la obra está escrita para "uno o más instrumentos y productores de sonido", pudiendo ser interpretada con cualquier duración de tiempo. La partitura es un punto en la obra de Brown son "Las formas variables", es decir, formas que incorporan un material que está especificado en muchos aspectos pero cuyo orden y combinación se deja en manos de los intérpretes. En este sentido, la pieza para piano "Veinticinco paginas" (1953) contiene veinticinco hojas sueltas, que pueden ser interpretadas desde por uno hasta veinticinco instrumentistas, en cualquier orden y combinación.

3. OTRAS TENDENCIAS MUSICALES COMTEMPORANEAS

3.1- LA MÚSICA TEXTURAL

La tendencia que se dio a finales de 1950 de componer música atendiendo a sus atributos sonoros más amplios en lugar de la acumulación de detalles individuales, fue evidente en la obra de dos compositores pertenecientes a la Europa del Este: el polaco Krzysztof Penderecki y el húngaro György Ligeti. Penderecki, en su obra, traslada la atención desde las notas individuales hasta los "clusters", puntos de partida para su desarrollo compositivo, sometiéndolos a distintos tipos de procesos de desarrollo, como variaciones mediante cambios de registro, extensión, densidad, etc. Desde el momento en que resulta imposible escuchar las notas de forma individual, el oyente únicamente percibe una masa indiferenciada de un cierto nivel dinámico y de extensión; el efecto es de "ruido". Penderecki, por otra parte, introduce un número de técnicas instrumentales especiales para extender el ámbito de posibilidades sonoras, como micro intervalos, glissandi, collegno, etc. Sus obras principales incluyen: los "Salmos de David, "Lamentación por las victimas de Hiroshima", "Pasión según San Lucas", y el "Dies Irae".

Otro representante de esta escuela, György Ligeti, ha elaborado un lenguaje propio, desligado de influencias clásicas o convencionales, características por la creación de nuevas articulaciones sonoras de las voces y los instrumentos tradicionales a través de una compleja armonía y el empleo de gigantescos clusters, de hasta cinco octavas. Su obra se distingue por la ausencia de toda referencia armónica, melódica o rítmica familiar, desprovista de forma reconocible. Ligeti describe minuciosamente los matices e indicaciones en la partitura. Para lograrlo, divide a la orquesta hasta límites extremos. Un ejemplo de ello es su obra "Atmósferas", pieza donde los 56 instrumentos que integran la orquesta, tocan cada uno una melodía distinta. En este sentido, Ligeti es autor del término "micropolifinia", para dar a entender un denso tejido polifónico constituido por múltiples voces independientes, cada una de las cuales realiza movimientos melódicos muy breves.

3.2 NUEVOS RECURSOS INSTRUMENTALES

Una de las consecuencias que trajo consigo la importancia concedida a la textura y a los aspectos puramente sonoros de la música fue la extensión de las técnicas instrumentales tradicionales. Como la distinción entre nota y ruido se estaba convirtiendo en algo cada vez más barroso, los límites de lo que constituía el "material musical" se extendieron enormemente. En cierta forma, cualquier sonido podía ahora ser considerado como musical y ser incorporado dentro de la estructura general de la obra (Esto puede conectarse claramente tanto con los desarrollos de la música electrónica como las ideas de John Cage, e incluso con los Futuristas y Varése).

Algunas nuevas formas de tocar los instrumentos de cuerda fueron tocar entre el puente y el cordal del instrumento, tocar detrás del puente o en el mismo cordal golpeando con los dedos; otras innovaciones incluyen soplar los instrumentos de viento —metal sin producir una nota, soplar por la boquilla sin que esta esté colocada en el instrumento, tocar un piano colocando una varilla de metal en las cuerdas, tocar las notas de un contrabajo con las baquetas de la percusión, sumergir un tam-tam en un cubo de agua, etc.

Durante la década de 1960 algunos intérpretes comenzaron a especializarse en este tipo de técnicas y animaron a los compositores a escribir obras donde aparecieran tales procedimientos. Entre los compositores que fueron particularmente activos en este campo sobresalen: los americanos George Crumb, y Robert Erickson, el argentino Mauricio Kagel, y el italiano Luciano Berio. Berio ha escrito una serie continua de piezas tituladas "Sequenza", para varios solistas sin acompañamiento, escritas con el propósito de desplegar estas técnicas instrumentales y vocales noveles (el sonido nasal, el chasquear de la lengua, los gritos, etc.) dentro de un esqueleto virtuosístico.

3.3- MÚSICA ESTOCÁSTICA

Concebida por Iannis Xenakis, se basa en la introducción en la composición Musical de combinaciones aleatorias según un cálculo de probabilidades. La teoría de los juegos está muy relacionada con la teoría de la probabilidad, y Xenakis ha compuesto dos piezas basadas en esta teoría: "Duelo" y "Estratega" en las que dos grupos de instrumentistas "compiten" musicalmente uno contra otro siguiendo unas reglas establecidas y con un "ganador" designado al final del encuentro. Otro grupo de composiciones, que incluyen "Nomos alpha", para violoncello, contienen lo que Xenakis denomina "música simbólica", es decir, música basada en conceptos procedentes de la lógica simbólica.

3.4- CITAS Y COLLAGES

Uno de los síntomas del cambio significativo que se produjo en la música desde 1950 fue la aparición de citas musicales correspondientes a la música tonal tradicional. Precedentes anteriores pudieron ser la harmonización de un coral de Bach en el Concierto para violín, de Berg, "Pulcinella", de Stravinsky, sobre melodías de Pergolesi, o buena parte de la producción de Charles Ives, entre otros.

El rasgo novedoso de las citas musicales de la década de 1960 lo constituye el hecho de que normalmente son tratadas como "objetos externos", como cosas extraídas de otras épocas y lugares, convenientemente distorsionadas y transformadas mediante la confrontación con el presente.De hecho, el efecto expresivo de la música depende de las tensiones que se producen entre el material citado y la forma en que es utilizado (algunas obras están formadas exclusivamente por citas y distorsiones de éstas).

La diversidad del material que se toma prestado es improcedente. No se trata sólo de material escogido de fuentes distintas (centro gregoriano, polifonía renacentista, figuración instrumental barroca, cromatismo de finales del XIX) sino que además, estas libremente unidas dando origen a una mezcla ecléctica.

El primer compositor desde Ives que trató de formar extensiva la cita musical fue Bernd Zimmermann. En su ópera "Los soldados", Zimmermann llevó a cabo un complejo método de combinación de materiales procedentes de diferentes períodos estilísticos con su propia música (serial en origen), a la manera de un collage.

3.5 MINIMALISMO

La tendencia observada desde 1960 hacia una música más sencilla y directa condujo a la corriente denominada "Minimalismo", ya que su vocabulario, bien rítmico, melódico, armónico e instrumental, era limitado, mínimo, de manera intencionada. Técnicamente supone estructuras tonales estáticas, ritmos obsesivos en obstinato, transparencia textural, y una constante repetición de unas pocas fórmulas melódico-rítmicas que varían ligeramente cada cierto número de compases.

Uno de los pioneros de este movimiento fue La Monte Young, cuya página "La tortuga: sus sueños y viajes" es una improvisación en la que los instrumentistas y cantantes entran y salen libremente sobre una nota fundamental, a modo de bordón, tocada por un sintetizador. En su "Trío para instrumentos de cuerda", los primeros cinco minutos de la obra contienen únicamente tres notas, una para cada instrumento, que van entrando lentamente, una por una; una vez que las tres están ya sonando se mantienen juntas durante un largo periodo de tiempo, antes de comenzar a desaparecer lentamente, de nuevo una detrás de otra.

Terry Riley quizá haya sido el primer compositor que ha enfocado la composición según repeticiones constantes de melodías breves a intervalos regulares de tiempo. Sus obras principales incluyen "I can´t stop" e "In C". Por su parte, Steve Reich ha desarrollado un procedimiento casi canónico en el cual los músicos tocan el mismo material ligeramente desfasado en el tiempo. Sus obras principales en esta forma son "Fase de piano" y "Fase de violín", en la que yuxtapuso un violinista en vivo a otro grabado en cinta.

Philip Glass se halla influenciado por la música india, con sus intervalos microtonales, sus unidades rítmicas, bordones, y su estilo tranquilo, repetitivo y contemplativo, que plasmó en ópera "Einstein en la playa", en un acto que dura cuatro horas y media, y que no cuenta con otro texto cantado que el de silabas solfeadas. Otras piezas son las óperas "Satyagraha", sobre la lucha antiviolenta de Ghandi, y "Akhnaten" . Glass ha compuesto principalmente para su propia agrupación de instrumentos de viento amplificados, teclados y voces.

3.6- NEOROMANTICISMO O NUEVA SENCILLEZ

Un resultado significativo del eclecticismo que caracteriza el panorama musical de la 2ª mitad del S. XX fue el interés por la reconsideración de las posibilidades de la tonalidad tradicional, en una serie de obras enraizadas en técnicas clásicas, con una profunda conciencia de la historia, y características por ciertos procedimientos del S. XIX, como melodías fuertemente perfiladas, una orquestación densa y opulenta, una rica textura, así como un renovado interés en la expresión personal directa. Se recurre otra vez a los antiguos géneros (sinfonía, ópera, cuarteto de cuerda), y se toma como modelo el Romanticismo, desde el último Beethoven hasta Mahler, e incluso Berg.

3.7-MICROTONALIDAD

Los contactos con músicas de otras civilizaciones y con sus peculiares modos de afinación y de construcción de modos y escalas, conllevaron un renovado interés por la, micro tonalidad. Las afinaciones microtonales proporcionan configuraciones intervalicas que suenan como algo nuevo en los oídos occidentales, y proporcionan una gran variedad de nuevas posibilidades expresivas, así como nuevos acercamientos innovadores en el campo de la armonía y melodía. Obras de este tipo son: "In memoriam Harry Portxch", de Ben Johnston; las piezas teatrales "Dantón y Robespierre" y "The Tempest", de John Eaton; y "Doce estudios microtonales" de Easly Blackwood.

3.8- EXTENSIONES EN LA MÚSICA DE TEATRO

En la última parte del siglo, numerosos compositores se han concentrado en combinar elementos de la música y el drama para crear nuevas formas artísticas compuestas. Las composiciones de George Crumb contienen frecuentemente un elemento dramático significativo: en su obra "Lux aeterna", para soprano, flauta, sitar y dos percusionistas, la soprano tiene que encender una vela antes de que empiece el concierto y apagarla al final del mismo. Mauricio Kagel ha estado especialmente interesado en manejar la interpretación musical como un hecho dramático. Su "Match", para dos cellistas y un percusionista, está estructurado como una competición; los cellistas representan el papel de los jugadores y el percusionista el del árbitro. Esto produce una realización musical donde cada cellista trata de vencer al otro, de acuerdo a una serie de reglas impartidas por el percusionzota. La obra de Kagel "Sur scene", es un ejemplo incluso más extremo. Subtitulada "obra teatral de música de cámara"; está escrita para orador, cantante, mimo y tres instrumentistas, a los que se les proporciona indicaciones sobre cómo comportarse en escena (cómo reaccionar entre ellos, que hacer, dónde mirar) pero a los que no les da ninguna música que tocar, improvisando libremente.

John Cage ha sido el creador del movimiento denominado "Teatro instrumental" o "Post-dadaísmo". Cage fue uno de los primeros compositores que introdujo en el concierto convencional toda suerte de gestos, actitudes y ruidos inesperados. Este tipo de innovaciones comprende actos como el tocar sobre la tapa del piano, sacudir sonajeros, dar azotes a un violoncello; y recursos similares. Llevando al extremo su personalísima forma de entender la música, Cage ha llegado a exigir la participación activa del público en la ejecución de una obra musical. Así mismo, debemos a este excéntrico compositor la invención del "piano preparado", un piano cuyo sonido se altera mediante la colocación de tornillos, trozos de madera, de goma, papel, etc., en las cuerdas.

Opuesto Cage a la idea del concierto formal, en su lugar, propuso la realización de "happenings", acontecimientos musicales no estructurados y desarrollados libremente, donde absolutamente todo, musical o no musical, podía tener lugar. La página más significativa en este campo, fue "HPSCHD", (1969) de Cage. El espectáculo incluye siete clavecinistas, muchos personajes adicionales, cincuenta cintas de música, muchas películas, fotografías, espectáculos de luces y miles de oyentes-espectadores que se mueven libremente durante una representación de cinco horas. Compositores como Robert Ashley, Gordon Mumma y el grupo "Flexus", de Nueva York, se han especializado en este tipo de sucesos artísticos.

3.9- MÚSICA AMBIENTAL

De forma similar a estos nuevos desarrollos musicales, existen hoy en día signos de insatisfacción con la noción tradicional de la música como área de experiencia compartimentada que está separada de los actos, "normales" de cada día, que se presenta en salas de concierto especialmente diseñadas donde permanecen aisladas del resto de la vida. La tendencia de gran parte de la música contemporánea de transformarse en una forma de teatro, es un síntoma de esto. Otro es la convicción de que la música debería realizarse en las calles y ser presentada fuera del entramado de los conciertos normales, libre de las formalidades de la interpretación tradicional y accesible para la mayor cantidad de gente posible.

Un reflejo de este cambio de actitud lo ejemplifica la denominada "música ambiental". Desde comienzos de la década de 1970, el americano Max Neuhans ha colocado "instalaciones sonoras" en piscinas, museos, plazas, etc. Lo que se oye no es música, al menos según las concepciones normales, sino sencillos hechos sonoros repetitivos, interpretados a unos niveles dinámicos tan mínimos que es preciso esforzarse para oírlos.

Alvin Lucier, en "espacio de la memoria de Hartford", da instrucciones a los participantes para que "salgan a un entrono determinado" (urbano, rural), graben la situación sonora utilizando la memoria, dibujos, cintas grabadoras, etc, y regresen al lugar del concierto para duplicar, en la medida que sea posible, la situación sonora del exterior por medio de la voz o algún instrumento. "Radio Net", de Neuhaus, fue presentada en 1971 en un programa de radio escuchando en un programa de radio escuchando en unas doscientas emisoras de la National Public Radio, todas ellas unidas telefónicamente a una central en la que se encontraba el compositor. Los oyentes fueron invitados a telefonear y silbar lo que desearan; su producción era alterada electrónicamente por Neuhaus, que mezclaba los sonidos con lo que silbaban otros oyentes, y lo emitía a través de las emisoras participantes. Una misma persona podía ser a la vez compositor, intérprete y oyente, y probablemente sentir una especie de conexión "colectiva" con otros innumerables participantes situados en cualquier lugar de los Estados Unidos.

Por su parte, Murray Schafer ha escrito composiciones especialmente diseñadas para ser interpretadas en ambientes físicos determinados (acantilados, en medio del desierto, pico de una montaña, etc.).

3.10- MÚSICA COMPROMETIDA

El repentino florecimiento de la conciencia política en la música reciente ha estado ligado a las revoluciones culturales de la década de 1960, cuando fuertes sentimientos de insatisfacción hicieron que surgieran intentos de utilizar la música como una herramienta para el cambio social.

Cuando Hans Werner Henze se acogió al marxismo hacia 1970, su obra comenzó a cambiar: adoptó nuevas formas de teatro musical a favor de la ópera tradicional comenzó a trabajar con textos revolucionarios, a explorar las tesituras extremas y las técnicas no ortodoxas. El inglés Cornelius Cardew, convertido en un comunista comprometido, se volvió hacia un estilo popular firmemente asentado en la tonalidad tradicional, y comenzó a escribir canciones obreras y melodías políticas para ser interpretadas en los mítines del partido, así como piezas de concierto con fuentes matices políticos.